SÉVILLE 82

France-Allemagne
Le match du siècle

DU MÊME AUTEUR

Un rêve modeste et fou, biographie co-écrite avec
    Éric Cantona, Robert Laffont, 1993.
Histoires secrètes du PSG, Solar, 1995.
Football, ta légende, Mango, 1996.
Football, d'un monde à l'autre, Mango, 1998.
Les Copains d'abord, avec Zinédine Zidane
    et Christophe Dugarry, Mango, 1998.
Carnets d'un Mondial, petites chroniques de juillet,
    Le Castor Astral, 1998.
Guy Môquet, une enfance fusillée, Stock, 2000.
Ma ligne 13, Éditions du Rocher, 2003.
Ça va mal finir, Éditions du Rocher, 2004.

PIERRE-LOUIS BASSE

SÉVILLE 82

France-Allemagne
Le match du siècle

privé©

Ouvrage publié
sous la direction de Guy Birenbaum

À tous ceux qui ont perdu le sommeil,
le 8 juillet 1982.
À mon père, Yves Garçon.
À Michel Butel.

« Le passé n'est pas mort, il n'est même pas passé. Nous nous coupons de lui et feignons d'être étrangers. »

Christa Wolf, *Trame d'enfance*.

Séville, 8 juillet 1982

> *C'en est trop. Vous, je ne sais pas comment vous faites, mais moi, je me retire dans le silence de la salle de bains.*
>
> Jean ROUAUD, écrivain,
> prix Goncourt 1990.

J'ai cessé d'aimer le football le 8 juillet 1982. En fin de soirée. Un peu avant minuit...

Plus tard – journaliste sportif – on s'est réconcilié tous les deux. Mais le mal était fait. J'avais abandonné sur le parquet d'un pavillon de la banlieue sud tout ce qui pouvait bien se ficeler de passion, d'amour, et de chagrin mêlés dans le corps et l'esprit d'une fin d'adolescence. Combien étions-nous, ce jeudi soir très tard, à faire le serment de ne plus jamais remettre les pieds de l'autre côté du Rhin ?

J'entends encore ces quelques mots, tandis que le ballon frappé par Horst Hrubesch venait à peine de s'immobiliser dans les filets de Jean-Luc Ettori. Cette

voix un peu cassée qui disait : « Voilà... C'est fait...
Par cinq tirs au but à quatre, l'Allemagne est en finale
de la Coupe du monde... »

Cette boule de douleur dans la gorge...

Et comme pour mieux affûter le couteau qui fait
saigner la plaie, cette voix en rajoutait : « Ah, c'est
dur... très dur ! »

8 juillet 1982. Je sais bien. Vous savez tous aussi
bien que moi...

Pourtant, on ne sait pas toujours à quel point
certains événements demeurent capables de poser
leurs grosses pattes sur le chemin d'une vie. Comme
les fers aux pieds des bagnards. On dit qu'une fois
retirés, les anciens prisonniers continuent longtemps
– parfois jusqu'à la mort – de traîner les pieds.
Je traîne les pieds depuis le 8 juillet 1982. Avec moi
– j'en suis convaincu – plusieurs millions de supporters inconsolables.

Plusieurs millions, ça fait du bruit...

Avec le temps, certes, le tintamarre de la colère et
du regret s'est transformé en une petite musique de
chambre. Les gosses que j'aperçois sur la pelouse sont
devenus des hommes. Jean Tigana a cessé de pleurer.
Michel Platini s'est résolu à ne plus protester, bras
en l'air, contre l'arbitre néerlandais, Charles Corver.
Platini, qui n'aime rien moins que se tourner vers le
passé de sa gloire, concède qu'à Séville, oui, décidément, il s'est passé quelque chose qu'on ne peut
oublier ! Alain Giresse a fait sa vie : Bordeaux, Marseille, Toulouse, et maintenant la Géorgie ! Avec le

temps, Patrick Battiston a retrouvé sa mâchoire, fracassée par l'épaule du gardien allemand. Dominique Rocheteau a coupé ses cheveux. Manuel Amoros – archange de vingt ans frappant la barre transversale de Schumacher à quelques secondes du coup de sifflet final – est aujourd'hui comme un prince arabe heureux. Il a rejoint l'équipe nationale du Koweït.

Oui, Séville est devenu tout doucement un souvenir qu'on ose remuer, quitte à se faire du mal. Une folle carte postale de cette France brusquement capable de battre des Allemands. On disait alors : la République fédérale allemande. Car il y avait deux Allemagne. Il n'y en a plus qu'une. Désormais, dans des soirées enfumées, j'aperçois de jeunes garçons qui portent fièrement des maillots frappés de l'emblème national est-allemand : DDR... Du passé, nous pensions faire table rase, mais le marketing s'est chargé de le recycler...

Séville. 8 juillet 1982. Il suffit d'enclencher la cassette de cette demi-finale de Coupe du monde pour mesurer le poids d'une histoire qui a parfois le talent de se planquer derrière des crampons.

Un jour, je me suis décidé. Comme on ouvre une porte donnant sur une chambre infréquentable. Je croyais deviner que derrière les coups de boutoir de l'Allemand Dremmler sur la cuisse douloureuse de Platini, en arrière-plan des bras d'honneur de Schumacher, dans les yeux apeurés de l'ancien gauchiste Paul Breitner, et cette rage folle de Tigana, se lovaient les restes d'une histoire abominable entre l'Allemagne et la France. J'ai pensé qu'il était temps d'aller y voir d'un peu plus près. La vie offre parfois de ces étranges paradoxes : jeune téléspectateur anéanti une nuit chaude de juillet, je retrouverai quelques années plus tard la plupart des acteurs de Séville. Sans doute, dans le repli de mon inconsolable chagrin, cette dernière tragédie franco-allemande m'avait-elle inconsciemment poussé à en savoir davantage sur les uns et les autres. Pour les avoir retrouvés dans mon métier, pour avoir eu la chance de disputer avec certains d'entre eux quelques rencontres amicales, je compris qu'ils n'avaient pas menti dans leur nuit de Séville. « Je les revois, me dit Thierry Roland, l'homme à la voix cassée, tous, les uns après les autres, comme défilant derrière un long corbillard, les yeux bouffis par les larmes versées dans les vestiaires et qu'ils cachaient derrière des Ray-Ban... »

La retransmission télévisée – ses commentaires – fait partie de cette histoire sévillane. Longtemps d'ailleurs ce France-Allemagne fut le plus gros score de toutes les audiences cumulées devant un écran de télé. Près de vingt-cinq millions de téléspectateurs. Mais derrière les images, que s'était-il passé, en réalité, sur la pelouse de Juan Pizjuan, ce 8 juillet 1982, pour qu'une telle vague de tristesse finisse par submerger les poumons de la France bleue ?

Le célèbre critique de cinéma, Serge Daney – à l'époque chroniqueur à *Libération* –, visait juste : « Et quand, d'aventure, on arrive aux pénibles "coups de pied au but", c'est carrément la science-fiction. On assiste alors au démantèlement de toute la dramaturgie normale du foot. On entre dans un drôle d'au-delà... »

Et puis, c'était France-Allemagne.

France-Allemagne...

Comme si nos guerres se mettaient à rejouer les prolongations. Abasourdi sur son pupitre, l'envoyé spécial de *L'Équipe* et de *France Football*, Gérard Ernault, ne peut s'empêcher de penser à cette petite auberge que ses parents ont longtemps tenue, à Mortain, Normandie. Réquisitionnée par la Gestapo. Reprise par les Alliés au moment du débarquement. Cette Allemagne du foot que le fils, Gérard, suit déjà depuis plusieurs années, avec un mélange de rejet et de fascination. Le foot, prolongement de quelques anciennes histoires collectives ?

Le foot encore, qui ressemble tant aux contradictions d'un pays. À ce qui en fit sa richesse, puis son terrible crime. Écrivant le livre de Séville, observant cette équipe d'Allemagne, je prenais le risque délicieux de tomber dans ce piège tendu par les raccourcis lorsque nous faisons un trop long voyage. Puisque l'Allemagne du foot rassemblait force, puissance – Hrubesch, Schumacher, Kaltz, Briegel – et technique – Littbarski, Fischer, Breitner –, il me suffisait de jeter un œil dans le rétroviseur de l'histoire pour avoir la bave aux lèvres : le nazisme n'avait-il pas fait son nid au sein même du pays le plus cultivé d'Europe ? Cette Allemagne que le philosophe Vladimir Jankélévich s'était juré à jamais de ne plus fréquenter n'était-elle pas, déjà, un savant mélange de haine et de raffinement ?

Henrich Heine, mais les SA qui brûlent les livres. Thomas Mann, mais la Nuit de cristal. Wagner, mais aussi ces minables parades d'un autre âge électrisant la foule de Nuremberg. Au nom d'un match de foot devenu délirant de suspense et d'émotion, la France du début des années quatre-vingt fêtait à sa façon ces trente-cinq années qui la séparait de la Libération. Trente-cinq ans ! À peu de choses près, la même distance qu'entre les agités de la rue Gay-Lussac en mai 1968 et la dernière campagne de pub des magasins Leclerc recyclant les affiches de l'Atelier populaire des Beaux Arts. Si peu de choses...

C'était un temps devenu pourtant plus raisonnable. Bientôt, François Mitterrand et le chancelier Helmut Kohl se donneraient la main à Verdun pour se pardonner mutuellement la mort de cinq cent mille jeunes gens dans la boue, le fer et le sang. Depuis plusieurs années déjà, Willy Brandt avait eu le courage de s'asseoir sur un trottoir mouillé de Varsovie, devant le mémorial du ghetto juif. Dès 1950, l'Allemagne du chancelier Adenauer s'était tournée résolument vers l'Europe. Quant au football, il avait depuis longtemps contribué à libérer la République fédérale de son passé nazi. Le 4 juillet 1954, à Berne, l'Allemagne battait la Hongrie en finale de la Coupe du monde : 3-2. Certes, Fritz Walter et quelques-uns de ses camarades avaient gentiment massacré le major galopant Puskas, mais victoire tout de même. L'Allemagne se contentait désormais de dominer le monde grâce au seul talent de ses footballeurs ! Le chancelier Adenauer offrit à ses joueurs la « feuille de laurier », plus haute distinction sportive germanique. Mais le lendemain de la finale, le *Deutschland Union Dienst*, journal du CDU au pouvoir, tempérait les ardeurs : « Ce n'est qu'un jeu. La victoire de l'Allemagne ne doit pas être exploitée à des fins nationalistes. » Finaliste en 1966 contre l'Angleterre, vainqueur en 1974 aux dépens de la Hollande, cette équipe avait le don de rassembler pour la bonne cause bûcherons et poètes, marathoniens et créateurs, dévoreurs d'espace et couturiers de grand style. Un ancien forgeron (Schumacher) côtoyait un buteur au physique de danseur mondain (Rummenigge)...

Pour l'équipe de France qui finirait bien – un jour ou l'autre – par remporter la Coupe du monde, le drame de Séville tient certainement dans cette injustice : ils avaient le plus beau football de la planète mais le cœur fragile de ceux qui n'osent pas encore gagner. Plus terrible encore : « On menait 3-1 au début des prolongations et, pourtant, on avait la trouille ! » me dira Dominique Rocheteau. Étrange retournement de l'histoire du foot aussi : Didier Six, qui n'a jamais réussi à jouer en harmonie avec ses camarades, fut critiqué pour son appartenance au club de Stuttgart. Il y avait un espion dans la salle. Ses dribbles croisaient les tacles de son copain de club, Bernd Förster. À Séville, Six était le seul joueur

de l'équipe de France qui évoluait dans un championnat étranger. Platini venait tout juste de signer à
Turin. Le 12 juillet 1998, lorsque Didier Deschamps
soulève la Coupe du monde, les « nationaux » sont
désormais minoritaires...

« Tu sais, me dit Marius Trésor, c'est comme si
c'était hier. Le vestiaire. Ce sentiment que, pour
nous, rien ne serait plus jamais comme avant. Tous
ces mecs qu'il fallait pousser sous la douche. Ça n'en
finissait pas. À un moment, le sélectionneur Michel
Hidalgo est venu voir Didier, il l'a secoué en lui
disant que maintenant tout était fini, que ça ne ser-
vait plus à rien de pleurer, qu'il fallait partir. Nous
étions une trentaine, joueurs et dirigeants confondus,
à pleurer comme des gosses. J'ai compris ce soir là
que nous venions de vivre un moment inoubliable.
Et puis... pour moi... je veux dire, mon métier... je
savais que c'était la fin. Oui, c'était bien fini. J'avais
inscrit le plus beau but de ma carrière, et en même
temps je laissais filer le rêve le plus fou d'un footballeur. Quel que soit le joueur. Une finale de Coupe
du monde. Si près. »
   Quel coup de cafard, d'un seul coup !

Dans le TGV qui me ramenait de Bordeaux vers
Paris, je revoyais le visage de Marius Trésor. Rien
n'avait vraiment changé. C'était le même visage. La
même nonchalance toujours prête à fondre sur sa
proie. Le même homme qui avait explosé de joie

après sa reprise de volée de folie. Et cette jeune mon-
tagne de muscles qui s'était brutalement jetée contre
Kaltz, comme pour le couper en deux, après l'agression du copain Battiste... Ces visages antillais, que
seuls les cheveux blancs parviennent à transformer
en douceur. Lisses. Indifférents au passage du temps.
J'ai pensé que c'était la même chose avec la plupart
des acteurs de Séville 82. Battiston, Giresse, Platini,
Amoros...

Je les regardais jouer.

Ils me donnaient l'impression de faire plus vieux
que leur âge. Certainement l'effet de la gloire. La
marque des buteurs. Et puis avec le temps, il me
semble que cet âge s'est définitivement arrêté au
cadran de Séville. Qu'ils avaient brutalement cessé
de vieillir. Serait-ce le jeu qui les protège de l'usure
du temps ?

J'ai voulu savoir. Revenir. Remonter le temps d'un
match qui a changé la nuit et la vie de toute une
équipe. D'un pays. « Fabuleux. » Oui. « Si près du
paradis. » Certes encore. Vous imaginez ? 3-1 pendant les prolongations... C'est entendu... Mais
davantage peut-être. Dans cet au-delà du désespoir
qu'évoque Serge Daney, le lendemain de la défaite.
Dans cette réponse de Platini qui ne souffre aucune
sorte de correction : « France-Allemagne à Séville...
Un match où il y a tout, tous les sentiments, les
sensations, ce n'est pas le football, c'est la vie. Aucun
film, aucun livre, aucune pièce de théâtre ne peut te
faire vivre un moment pareil. Tu ressens en une

heure trente toutes les émotions possibles. Et en plus
ça finit mal, donc là, c'est carrément l'apogée du
romantisme. » Platini...

Le temps du foot français s'était donc arrêté au
cadran de Séville. La victoire de 1998 face au Brésil
n'a rien changé à cet étrange phénomène. Que je
sache, les héros du 8 juillet 1982 n'avaient pas besoin
d'exhiber un sponsor pour toucher la prime de l'éternité. Morts, peut-être, mais avec leurs idées. Et
debout. Séville est à part. Moi, je le range définitivement dans le musée imaginaire du football. Dans
cinquante ans, les enfants s'en donneront encore à
cœur joie. Ils se bousculeront devant les images, afin
d'observer ce qu'une défaite peut avoir de grandiose
lorsque le champ de bataille est à la hauteur. Il m'est
arrivé d'évoquer ce France-Allemagne 1982 avec des
adolescents. Ces jeunes types, nés dix ans après la
demi-finale, connaissaient l'histoire aussi bien que
moi. D'une certaine façon, Séville n'est même plus
un rendez-vous manqué. C'est un combat figé dans
le temps du sport. Et le sport, bien plus que la
politique ou la guerre, est capable de créer ce genre
de phénomène. Parfois, l'intensité du combat a sou-
levé tant de poussière, d'espoirs déçus, de chagrin,
de colère, qu'au bout du compte victoires et défaites
se rejoignent dans un même chant. Comptez-les, ces
événements. Ils ne sont pas nombreux : Jean-Claude
Killy, dans le brouillard de Grenoble face à Karl
Schranz, en 1968. Raymond Poulidor, contre

l'épaule d'Anquetil, dans la montée du Puy de Dôme, 1964. Allemagne-Italie, Coupe du monde 1970. Karl-Heinz Schnellinger qui ne veut pas mourir. Le défenseur allemand du Milan AC égalise à la dernière seconde du temps réglementaire. 2-2 ! Cassius Clay-Georges Foreman, dans la chaleur étouffante de Kinshasa. Combat du siècle. Et basta !

Preuve enfin qu'avec le temps on s'imagine toujours pouvoir changer le cours d'un événement : Alain Giresse ose parfois regarder la cassette du match. Trace irréfutable en effet que l'équipe de Michel Hidalgo a finalement perdu aux tirs au but. Mais qui sait... ? Avec le temps...

Alors, c'est devenu un réflexe. Alain stoppe toujours la cassette au moment précis où la France mène 3-1. Puis l'ancien capitaine des Girondins de Bordeaux s'en va, se disant que, peut-être...

Dans le petit salon que nous occupions, avec mes copains, le soir du match, tout était réuni pour une jolie fête. Quelques bonnes bouteilles de sidi brahim. Une omelette. Deux ou trois paquets de chips. Jusqu'aux tirs au but où le groupe que nous formions a brusquement implosé. Mon meilleur copain a préféré sortir dans le jardin. Depuis, le football est devenu tendance. Mais il faut comprendre qu'en 1982, déjà, une telle rencontre pouvait avoir son importance sur le moral d'un jeune homme. L'affaire était grave. Maintenant, c'était au tour de Maxime Bossis d'aller tirer. Le grand Max. Bien sûr, les uns et les autres nous allions tout de même construire notre vie. Faire des études. Rejoindre le monde du travail. Tôt ou tard. Mais tout de même, Bossis qui s'en va tirer. « Et ses protège-tibias qui sortent de ses chaussures. Putain, ça risque de le gêner, non ? »

Un an plus tôt, presque jour pour jour, nous avions dansé sous la pluie, à la Bastille. La foule criait dans la bonne humeur : « Elkabbach à la météo ! » Et déjà, les cotes de popularité de François Mitterrand et Pierre Mauroy étaient à la baisse. Les socialistes se préparent un été morose. « Le 31 mai 1982, note Alain Duhamel, la fameuse "crête de deux millions de chômeurs" que Pierre Mauroy voulait défendre à tout prix est franchie. L'inflation continue de flamber, les déficits publics et ceux du commerce extérieur se creusent. Il faut changer de cap. La décision est prise dès la fin du printemps 1982. Sur le terrain économique, le socialisme à la française n'a donc dansé qu'un seul été. »[1] Un signe du destin ? Nos premières désillusions ? La gauche, incapable de faire gagner la France ?

Et Bossis, fatigué, les jambes lourdes, qui posait enfin son ballon devant Schumacher. Quelle année ! Et ce pouvoir qu'a le football de nous faire oublier des événements autrement plus importants. La mort du cinéaste allemand Fassbinder. Nous avions passé une bonne partie de notre temps à voir ses films. Sa révolte contre la prude Allemagne. Des actrices nous

---

1. Alain Duhamel, *Portrait d'un artiste*, Flammarion, 1997.

éblouissaient : Angela Winckler, Anna Schygulla... Ah, le cinéma allemand de cette fin des années soixante-dix, quand j'y pense. Rainer Fassbinder, Reinhard Hauff, Volker Schlöndorf et Wim Wenders. On dirait que je passe en revue la suite de l'équipe ouest-allemande.

Le grand Max Bossis, quand il revenait du collège, c'était toujours pour filer un coup de main à la ferme familiale de Saint-André-de-Treize-Voies, près de Nantes. Le pays vendéen. Maxime, l'aîné des sept enfants. Couper du bois. Traire les vaches. Ranger, nettoyer l'étable. Les champs et la ferme, jusqu'à l'âge de dix-huit ans. Même après avoir signé à Nantes.

Et maintenant, là, dans la série éliminatoire des tirs au but, ce 8 juillet 1982, il va tirer. Et je sais que Max n'a jamais oublié. Que c'est une chose impossible à oublier. Qu'il n'a plus jamais ressenti autant de pression. Cette peur au ventre. Ses copains qui l'avaient abandonné. Comment ne pas voir que ces tirs au but ressemblent maintenant au spectacle de ces jeunes gars qu'on fusillait, à l'aube, pour avoir trop aimé le pays. Comment l'ignorer lorsque je revois le visage bouleversé de Jean-Luc Ettori face à celui qui veut l'abattre.

Après Bossis, ce sera au tour de Hrubesch.

Horst Hrubesch. Le « monstre » qui fera signe à l'arbitre de ne pas s'inquiéter. « Laissez, le ballon est à sa place... Ça ira comme ça. J'arrive. Donnez-moi une seconde ou deux. Ça n'est pas bien grave. Un dernier tir au but, et je m'en vais. Les camarades m'attendent. »

D'ailleurs, Horst Hrubesch se contente de remonter légèrement son flottant. On dirait qu'il s'apprête à expédier les affaires courantes ! Et le temps qui ne va plus tarder, maintenant, à s'arrêter sur le cadran de Séville.

Le sourire du monstre

*Tout est guerre. De 1914. Et de 1940. De
1982 où, pour la troisième fois en un siècle, la
France rencontrait l'Allemagne dans un match et
sur le champ de bataille de Séville...*

Jean CAU, juillet 1982, *Paris Match*.

C'est un poids énorme.

Un étrange mélange d'inconscience et d'extrême
lucidité. Vers qui, vers quoi vont-elles, ses pensées, à
Dominique Rocheteau, lorsqu'il s'apprête à prendre
ses responsabilités ?

C'était il y a vingt-trois ans. Un 8 juillet. Un peu
après 23 heures. Son chemin de croix ne fait pas plus
d'une trentaine de mètres. La distance qu'il doit par-
courir du rond central à ce cercle blanc sur lequel
est posé le ballon. Tout à l'heure – et certainement
pour la première fois de sa carrière – il se serait bien
défilé ! Ça ne lui ressemble pas d'hésiter devant l'obs-

tacle. Mais Michel Hidalgo semblait un peu perdu. Dans l'urgence – avec son adjoint, Henri Guérin – il avait besoin de cinq noms. Des hommes encore valides capables d'assumer cette terrible bataille des tirs au but. Le regard du sélectionneur avait croisé le sien :

« Ça va aller Dominique ?

– Faudra bien que ça aille ! »

Et puis mince, les Allemands, il commençait à les connaître ! Deux ans plus tôt, l'équipe de France en a pris quatre, à Hanovre, au terme d'un match amical ! Dominique connaît leur puissance, leur force de pénétration. Leur prétention aussi, que l'histoire récente du football s'est déjà chargée de tempérer. Le 26 novembre 1980 par exemple, lorsque avec son copain Michel Platini il fait exploser le SV Hambourg de Hrubesch en huitième de finale aller de la Coupe d'Europe de l'UEFA : 5 à 0 en Allemagne ! Alors, ne parlons même plus de ce fichu souvenir de Glasgow, six ans auparavant. Trop de douleur et de frustration. Contre le Bayern Munich, en finale de la Coupe d'Europe des clubs champions, avec l'AS Saint-Etienne, Dominique n'était entré qu'une dizaine de minutes en fin de rencontre. Blessé. Diminué. Comme ce soir, en demi-finale de la Coupe du monde. Mais ce soir, c'est autre chose, bon sang ! Victoire ou défaite, maintenant, Dominique a tout à fait conscience d'être embarqué dans ce genre d'événement inoubliable. Un événement, oui, qui dépasse en intensité ce qu'il avait connu contre le Dynamo Kiev, en Coupe d'Europe. La gueule en sang de l'ange vert et ce but, qui envoyait Saint-Étienne en demi-finale de Coupe d'Europe des clubs champions. La France des prolos au sommet. Enfin. Tout se mélange maintenant. L'histoire va-t-elle se répéter, contre l'Allemagne, ou bien le jeu, rien que le jeu, sortira-t-il vainqueur de cette soirée ? Toutes ces émotions que seul le sport de très haut niveau est capable de vous offrir. Un long frisson, dans le creux des reins. Il faut y aller Dominique. Il faut tirer. Marquer. Affronter Schumacher. Souviens-toi de Gigi. C'est lui qui a démarré la série. Cette façon méprisante et froide qu'il avait de tourner le dos à *la bête immonde*, avant de la pointer. Quatre foulées. Ballon pied droit. Côté gauche. N'en parlons plus ! Mais ce poids, si lourd à porter. Plus tard sans doute, ces moments de grande tension nerveuse se transformeront en souvenir délicieux. Le temps est seul capable d'un tel miracle ! Jamais l'équipe de France ne s'est approchée aussi près d'une finale de Coupe du monde. Et dire que ce match, il a bien failli ne pas le disputer. Sa décision, il ne l'a prise que trois heures avant le coup d'envoi. Le médecin de l'Équipe de France, Maurice Vrillac, lui a fait une bonne piqûre dans le genou droit. Oh, rien de sérieux... D'ailleurs, dans la nuit qui suivra le match, son entorse aura bien le temps de se réveiller.

Plus d'hésitation possible. Il faut y aller. Gigi et Manu ont déjà marqué. Ce penalty sera pour Patrick, dont les yeux révulsés faisaient si peur, juste après le choc avec leur gardien de but. Avec Michel, vous avez bien cru qu'il allait mourir. Patrick, qui gît désormais inconscient, sur une civière, dans le vestiaire du stade. En attendant l'ambulance. C'est une certitude : tu n'as jamais rencontré un adversaire aussi excité.

Marquer, enfin, pour aller au bout de tout ce que nous avons tenté contre les Allemands.

Le football, c'est du cinéma en temps réel.

Des images que les joueurs sont capables de conserver au chaud, pendant plusieurs décennies. Personne n'a de prise sur la bobine ! Toujours, ils se méfient des commentaires d'après-match. Ils sont seuls pour l'éternité à avoir vécu le nerf d'une action dont ils étaient les acteurs très engagés. Ces actions, les plus grands sont même capables de les rêver, avant de les réaliser sur un terrain ! Debout, sur son lit, Michel Platini ne se contentait pas de refuser la sieste. Il avait pris l'habitude de réveiller son copain de chambre, Patrick Battiston, dormeur au long cours. Ronfleur. « Ça suffit, disait Michel. Regarde. Réveille-toi, je suis en forme. Vivement le match ! »

Et Michel Platini mimait. Il inventait. Sautait sur son lit. Anticipait même quelques actions de jeu.

Bien plus tard, lorsque j'aurai enfin la chance de rencontrer la plupart des acteurs de Séville, je perdrai un gros pari, dès ma première prise de contact avec Michel Platini. Premier reportage. Découverte d'une immense star du ballon, devenu sélectionneur des

Bleus. Un peu cabot le Platini. Bon... Trois fois de suite meilleur buteur en Italie. Cent trente-neuf buts inscrits en quelques deux cent cinquante-trois matchs de championnat français. Champion d'Europe. Vainqueur de la Coupe d'Europe des club champions. Passeur sublime. Sur le gazon, un danseur étoile qui voyait tout. Et tout de suite. Forcément, ça impressionne.

Qu'importe. On s'imagine capable de séduire l'ancien tireur de coups francs. On voudrait lui montrer qu'on sait tout. Ou presque. Qu'il peut donc me faire confiance. J'ai tout vu. Tout admiré à la télévision ou au Parc des Princes. M'sieur, j'ai grandi et pleuré avec vous. C'est aussi cela, le travail du reporter : être au plus près de la star, histoire de briller avec elle.

Après avoir échangé quelques banalités avec mon ancien patron, Platini va me donner ma minute de radio. Rien de bien terrible. Depuis longtemps déjà il connaît la musique. Je me dis : « Ah, si les copains savaient. » Je m'offre un coup de frime.

« Vous savez, la France n'oubliera jamais vos deux coups francs réussis à Naples, contre l'Italie de Zoff. Coup sur coup en plus !

— Ah oui, me répond Platini, tout en malice. Naples, 1978... San Paolo... un match amical... Eh bien moi, je vous parie une bouteille de champagne que c'était à une demi-heure d'intervalle. »

J'insiste. Platini se marre. Je lui dois toujours cette bouteille de champagne...

Ainsi, tout ce qui se joue, après, dans la certitude du commentaire et des critiques avisées des spécialistes, déçoit souvent les sportifs. La vie est fade pour un champion qui s'éloigne d'un vestiaire. Une enfance, brutalement, s'éteint. Comme un simple coup de chiffon suffit à effacer nos plus beaux dessins, dans la craie d'une ardoise. Toute la mort d'une première vie s'écrira ainsi sous la pluie de Brescia, quand, fatigué, Michel Platini annoncera qu'il arrête sa carrière de footballeur. De ce lien si ténu que le jeu entretient avec l'enfance, il suffit parfois de quelques pages pour en mesurer l'essentiel. Pol Vandromme : « Nous humions l'air frais et léger, il nous enveloppait de sa soie, il nous entraînait dans ses voltiges, pour la première fois nous commencions à nous connaître un peu mieux, aussi frais et aussi légers que lui. Nous étions des enfants, écrasés sous la sédentarité à l'âge le plus vagabond de la vie, nous jouions par amour du jeu, nous jouions à jouer. Ce n'était pas la robe virile que nous endossions, la lourde armure empesée : c'était la robe de mousseline dont le vent faisait danser les voiles. Nous entrions dans cette danse, nous étions sur la terre ferme comme sur un tremplin, le monde tournait autrement et nous tournions comme lui. »

Les Bleus de Séville ont vécu cette vie merveilleuse comme sur un tremplin. Ils en sont morts. Mais vingt-trois ans après cette rafale meurtrière de tirs au but, nous pensons que la mort a choisi d'en faire des héros. Je sais depuis le 8 juillet 1982, qu'on ne peut parler d'un certain type de champion qu'avec amour et lyrisme. Quel que soit son avenir. La lumière ou le déclin. Sa chute. Ses erreurs. C'est sans doute ce qui explique la tendresse sans borne que pouvait exprimer le monde sportif à l'égard d'un personnage comme Antoine Blondin. Les forçats du Tour de France, Blondin les aimait certes dans la victoire. Il les aimait aussi dans l'amertume et le chagrin d'une fringale. Une défaite. C'est une chose en effet d'aimer les vainqueurs. Ce devrait en être une autre d'aimer parfois ces vaincus au profil de bâtisseurs !

À Séville, je voudrais simplement qu'on se souvienne que l'équipe de France s'est retrouvée face à un « kommando » de tricheurs. Le chien de garde principal était un malin, expert en marketing : Paul Breitner jouait au gauchiste, cheveux au vent, moustache en bataille. Mais à la place du revolver anti-capitaliste, le camarade Breitner saoulait les copains à la bière dans cette fameuse *Auberge du Lac Schluchsee*, près de Munich. Plus triste encore, et surtout révélateur d'une double personnalité : le Che allemand relayait sur le terrain le complot bricolé avec l'Autriche contre les artistes algériens ! L'anecdote est savoureuse : un jeune joueur à l'époque, futur grande vedette internationale – Lothar Matthäus – fait son entrée sur le terrain au moment où le face à face entre l'Allemagne et l'Autriche est étrangement calme. Matthäus est jeune, il court comme un lapin et veut prouver à son sélectionneur qu'il ira loin !

« T'as d'là merde dans les yeux ! lui lance son capitaine Paul Breitner... T'as pas vu qu'on jouait pas... » Matthäus comprit le message et se calma jusqu'à la fin de la rencontre. La victoire de la RFA 1-0 permettait à l'Autriche d'accéder au deuxième tour de la compétition.

À propos d'occasions de but, jamais une équipe de France n'en avait accumulé une telle quantité au cours d'un seul match ! Ces garçons semblaient courir et dribbler dans un vent qui s'était promis de ne jamais être contraire à leurs espérances. Jusqu'au drame de Battiston. Jusqu'à l'entrée de Rummenigge. Jusqu'à cette dernière balle de but que Didier Six a soufflée involontairement à Dominique Rocheteau. Une balle un peu piquée de Jean Tigana. Les deux attaquants, ensemble, au premier poteau. Ah, si ce coup de tête était allé au fond, on n'en serait pas aux tirs au but !

Alors, cheveux au vent, Dominique Rocheteau s'est mis à marcher. On aurait dit un adolescent un peu boudeur. Ce jeune homme qui filait maintenant tout droit vers les buts de Schumacher était un type à part dans le football français. Qui, mieux que Rocheteau, pouvait incarner cette France de 1982, qui avait basculé à gauche pour la première fois depuis la Libération ? Dans cette façon qu'il avait de chalouper sur les ailes, Dominique Rocheteau nous renvoyait parfois à certains grands concerts un peu *flower-power*...

Quand il dribblait en se retournant au dernier moment, je croyais apercevoir la guitare d'Alvin Lee. La voix des Ten Years After, ou celle, plus douce encore, des Canned Heat : « *On the road again...* »

Dominique Rocheteau n'avait pas hésité à s'engager dans la campagne présidentielle de François Mitterrand. On l'avait aperçu dans quelques meetings, aux côtés du chanteur Renaud ou du comédien Michel Piccoli.

Les filles l'adoraient. Je n'avais pas oublié ses coups de gueule contre les militaires argentins, en 1978. Dominique Rocheteau avait signé la pétition lancée par Bernard-Henri Lévy contre l'organisation de la Coupe du monde en Argentine. Et nous avions aimé, avec mes copains, cette façon qu'il avait eue, à Saint-Étienne, de ne pas vouloir figurer sur la liste du maire UDF, Michel Durafour. D'une certaine façon, Rocheteau, le premier, prolongeait sur les terrains de football tout ce dont nous avions rêvé, regardant nos aînés balancer quelques pavés au visage d'une France qui refusait le changement.

Maintenant, Rocheteau s'avançait.

Visage baissé. Ce serait pour mieux le relever, juste avant l'impact du pied avec le ballon. Une habitude qu'il avait prise, et qui fonctionnait bien. Quelques semaines avant la Coupe du monde, le Paris-Saint-Germain s'était imposé en finale de Coupe de France, au dépend de l'AS Saint-Étienne : six penaltys à cinq ! Dominique était même parvenu à

égaliser dans les prolongations, à la cent vingtième
minute. Paris lui avait offert tous les bonheurs. La
compétition, certes, mais chevillée à une vie de
bohème, avec sa compagne Bérengère, dans un
appartement de Saint-Germain-en-Laye. Puis à
Neuilly, chez les « bourges », dans un atelier de
peintre. Les avions qu'on prend pour la côte ouest
des États-Unis. Les concerts. Une vie à la coule.
Rocheteau, les cheveux dans les yeux. On peut en
rire aujourd'hui que les terrains d'entraînement ressemblent peu ou prou à des camps disciplinaires.
Sachez-le bien : quand un attaquant champion du
monde ne fait plus la différence entre des filets qui
tremblent et la caméra qui se doit de capter son
regard programmé, c'est le jeu qui fout le camp. Il
y avait des prolongations, et même des tirs au but
qui bouleversaient tous les programmes de télévision.
Les joueurs restaient sur la pelouse. Aucun journaliste n'aurait osé imaginer se perdre dans des cuisses
ou des épaules qu'il fallait masser.

Dominique n'aurait certainement pas manqué le
concert des Eagles. *Hotel California* en boucle dans
la voiture. Sans doute, parce qu'il avait toujours
connu dans le village d'Étaule – avant l'exil au lycée
de Royan – la chaleur et l'équilibre de ses parents,
il aurait été bien incapable de renvoyer d'autres
valeurs que simplicité et respect de l'adversaire. Il
s'était rêvé paysan de la mer avant de choisir définitivement le ballon. Loin des barcasses et de cette
incomparable odeur de sable et de vent mêlés,

lorsqu'on longe les dunes du pays des huîtres. Beaucoup plus tard, Michel Hidalgo dira de ses joueurs qui avaient participé au grand combat du 8 juillet 1982 « qu'ils avaient autant de qualités humaines que sportives... »

C'est l'une des raisons de l'épouvantable suspense qui finirait dans le naufrage et la dépression nerveuse collective : jamais, en effet, la France ne cessa de jouer au ballon. Et jamais, quand il fut joueur, Dominique ne cessa d'aimer la musique californienne. Le rock aussi. C'est dire s'il fut salement embêté de ne pas pouvoir assister au concert géant des Stones qui venaient de débarquer à Madrid ! Rocheteau aurait aimé se mêler à cette foule espagnole qui faisait l'apprentissage de la démocratie. Les Stones arrivèrent de Cologne dans un Bœing conduit par le batteur Charlie Watts. Dans un pays dirigé pendant plus de quarante ans par l'un des meilleurs potes d'Adolf Hitler, l'atmosphère était au changement. Franco était mort et enterré. On pouvait enfin pleurer librement Guernica. Le chanteur Paco Ibanez était autorisé à rentrer au pays. L'Espagne réapprenait le goût de la liberté. Dans les bars de Séville, les filles commençaient, timidement, à regarder les garçons dans les yeux. Il ne fallait surtout pas y penser, Dominique ! Surtout pas. Il fallait se contenter de s'entraîner dur. De jouer au tarot avec les copains, Michel et Patrick.

Il fallait surtout mettre ce fichu ballon dans les filets du gardien de but allemand.

Il était un peu plus de 23 h 30, et Dominique Rocheteau, comme prévu, jeta un regard de biais à Schumacher. Un regard à la dérobée. Dans la course. Vite fait. Bien fait. Il s'agissait de l'embarquer du côté opposé à la trajectoire du ballon. Près de vingt-cinq ans ont passé depuis ces événements. Mais le plaisir de voir et revoir le gardien de but de Cologne s'affaler sur sa ligne est intact. Ces tirs au but, après les prolongations, ressemblaient assez à ces petits stands de tir que nous aimions, enfants, à la Foire du Trône, ou près de quelque manège l'été, en bord de mer. Une cartouche. La dernière. Juste pour la peluche qui brille au fond du stand. Crever un maximum de ballons. Une cartouche. La seule. Du bonheur ou des larmes ! Plus jamais le football ne prolongera le suspense d'une partie qui ne veut pas finir. Sur la cassette de Séville, même si les images ont vieilli, je vois bien toute cette épaisseur de vie. Platini en rage contre Six. Didier se défend. Marius, les yeux dans le vague, bouteille d'eau vissée à ses lèvres. Un drogué qui attend sa dose. À force de rechercher ce temps perdu par les Bleus de Séville, il y a plus grave encore : certains soirs, il me semble que l'équipe de France va se mettre à gagner. Jamais, le temps d'une rencontre, le football n'avait eu la chance de s'exprimer avec une telle liberté. Viendra plus tard, en 1986, le merveilleux France-Brésil de Guadalajara. Mais il s'agissait d'un quart de finale. Et notre victoire était au bout, alors que, à Séville, il faudrait apprendre à vivre avec la défaite !

Ensuite, tout est allé très vite.

Dominique a rejoint le rond central. Un peu à l'écart de ses camarades. Nous avons vu que le libero du Real Madrid, Ulrich Stielike, avait manqué son penalty. Nous avons vu sa détresse si puissante, ce corps qui s'effondre comme touché de plein fouet par une balle invisible. Tout cela nous a semblé programmé dans cette tragédie de sport. Pourtant, il ne s'agissait que de football. C'était une demi-finale de Coupe du monde. Mais un homme venait de s'écrouler sur la pelouse de Séville, comme un père après la mort de son enfant. Inconsolable. « Une image me hantait, écrira Serge Daney, l'une de ces images inouïes qui viennent quand on est sorti du temps et que la pelouse est vraiment devenue une scène, une arène, un champ – l'image, le geste, le plan, le moment, le mot importe peu finalement : celle du tir manqué de Stielike, de la façon dont l'homme tombe à genoux, en pleurs, plié de désespoir, dans un soubresaut de cinéma muet. »

Le score, en effet, était de trois tirs au but à deux pour la France, quand Didier Six se présenta devant « Tony » Schumacher. Alain Giresse avait ouvert le feu d'un tir tendu, calme, du pied droit. Côté gauche – très légèrement au-dessus du sol – un peu comme celui que Platini avait ajusté en première mi-temps. Manuel Amoros n'avait guère tremblé. Lui, c'était la démarche un peu saccadée du jeune garçon qui s'apprête à faire des bêtises. Il mâchait un chewing-

gum qu'un copain du banc lui avait refilé à la fin
des prolongations ! D'ailleurs, il s'était un peu dis-
tingué, logeant sa balle beaucoup plus en hauteur,
presque au milieu de la cage allemande. Une manière
un peu discourtoise de dire à Tony :

« Tiens, prends ça, tu m'fais pas peur, moi, le
jeunot de Monaco... »

Puis, tout est allé très vite.

Mais ce que j'apprends, en écrivant ce livre, me
bouleverse.

Nous étions plusieurs millions, impuissants,
devant le tir suffisamment négligé de Six, pour que
Schumacher se fasse un plaisir de le repousser. Tout
de suite, Tony leva le poing vers le ciel. C'était un
type qui ne supportait pas la défaite.

Longtemps après Séville, le monde du sport
s'interrogea sur ce passage éclair de Didier Six dans
la surface de réparation. Ce tir au but, nous n'avions
pas eu la chance de le voir en direct. Simplement,
le doigt tendu, plein champ, de Littbarski consolant
son copain, nous faisait immédiatement comprendre
que la France risquait d'être rattrapée. Très vite. Il
suffirait que le petit play-boy aux jambes arquées du
Bayern, Littbarski, mette son ballon au fond. Il ne
s'est pas gêné ! Dans la lucarne gauche de Jean-Luc
Ettori.

3-3, tout était à refaire. « Six, c'est un enfant qu'on
aimera toujours, me confiera Michel Hidalgo. Toute
sa vie aura été la proie de l'imprévu. L'adversaire ne

savait pas. Mais, bien souvent, ses partenaires non plus ! »

Une information me semblait importante du point de vue sportif.

Près de vingt-cinq ans après les faits, Michel Hidalgo me confirmait la scène. Le temps a passé. Je sais maintenant ce qui poussa Didier à courir comme un damné vers le point de penalty. Cet air buté du jeune homme toujours en colère.

Il s'est approché de son capitaine, Michel Platini. Marius Trésor, jambes repliées, récupérait dans le rond central. Seul.

Gérard Janvion – chaussures à la main – était parti se reposer le long de la ligne de touche. À quelques dizaines de mètres, tout près des buts. La lenteur des corps, leur nonchalance confirmait à distance que la brise s'était définitivement éteinte. Séville suffoquait. Plus loin, à l'extrémité du rond central, Dominique Rocheteau était assis à côté de Maxime Bossis. Sur cette pelouse qui ne les quitterait plus jamais. Calmes. Ils observaient un combat qui touchait à sa fin.

Soudain, Didier Six dit doucement à Michel Platini :

« Laisse-moi tirer le dernier, le cinquième...

– Tu rigoles ou quoi, répondit Michel. C'est moi qui tire le dernier...

– Allez, sois sympa...

– Non... Vas-y maintenant... C'est à toi... On ne va pas se mettre à changer l'ordre... »

Et l'attaquant de Stuttgart s'en est allé...

Trop vite. Trop pressé sans doute. Une sourde colère chevillée au corps. Blessé, comme un enfant que le chef de famille venait de gronder ! « Je suis égoïste, avait balancé un jour de colère Didier Six, dans la mesure où j'admets difficilement d'être le deuxième. Je suis mal dans une peau de deuxième. Je veux être le numéro un. » [1]

Un jour, Didier Six avait enchanté le Maracana, à Rio. Il avait inscrit un goal tout à fait digne de l'enthousiasme des favelas. C'était un enfant qui avait débuté très jeune, sous les couleurs de l'US Valenciennes. Même pas dix-sept ans... C'était maintenant un homme qui ne supportait pas l'absence des projecteurs. La gloire qui s'éteint. Les feux de la rampe...

Souvent, il trouvait injuste que ses camarades se détournent de lui. En même temps, il avait eu l'intelligence, dans le match, de donner ce ballon sur la droite, légèrement en retrait, comme un handballeur flaire parfois l'odeur de la zone !

Tous ces mecs, ils ne me connaissent pas... Ils ne m'aiment pas...

À ce moment de la partie, je suppose que plusieurs centaines – voire des centaines de milliers – de télé-

---

1. Entretien avec Gérard Ernault.

spectateurs ont fait exactement la même chose que l'un de mes meilleurs amis d'enfance. N'y tenant plus, complètement cuit par la situation, Bernard jugea préférable d'aller prendre le frais dans le jardin, histoire de fumer une cigarette. L'atmosphère était telle dans notre maison qu'il était devenu impossible de suivre l'épreuve des tirs au but. Et puis, dans ce rez-de-jardin de banlieue, il faisait si bon et clair que nous aurions très bien pu regarder le match à l'extérieur. Affalés sur les tapis, secoués par les degrés de sidi brahim, la soirée tournait au vinaigre. Toute cette tristesse. Cette mort programmée par quelques légions blondes et rousses. Ce sentiment, depuis l'entrée en jeu de Rummenigge, que la France n'allait plus tarder à sombrer. Un instant, nous avons vu sur notre écran de télévision Charles Corver, l'arbitre néerlandais, souriant à Schumacher.

C'était trop de douleur.

Avant même la sanction finale, nous avions le sentiment de mourir un peu avec l'équipe de France. Nous étions nés – pour la plupart de mes copains – avec la dernière grande performance d'un sport collectif français : été 1958, première demi-finale de Coupe du monde face au Brésil. Mais Kopa, Fontaine, Piantoni faisaient partie d'une histoire assez lointaine. Elle se confondait avec les récits que me faisaient mon père et ma mère de la grande manifestation contre le retour du général de Gaulle au pouvoir. La guerre d'Algérie. Les bastons avec les flics, sur les hauteurs de Nanterre. Les nervis de chez

Simca. Iouri Gagarine à la conquête de l'espace. Aujourd'hui encore, si l'on évoque certains exploits de Raymond Kopa, je pense aussitôt à cette inscription qu'un mur de la gare de Nanterre a longtemps retenue : « Libérez Henri Martin. »

Kopa, c'était un homme aux yeux clairs, et mon père me rappelait qu'il ne s'était jamais remis de la mort de son fils. Jeune professeur de gymnastique dans un collège d'Angers, il avait eu la chance de déjeuner avec celui qui porterait plus tard les couleurs du stade de Reims, puis du Real Madrid. Tout cela ne faisait pas partie de mon époque. C'était une histoire que nous récitions à l'école de la République. Ou bien à la maison. Les héros de 1958 appartenaient à nos aînés. Une kyrielle de belles figurines dans les manuels d'histoire. Les stars sépia de *Miroir Sprint*. Chaque mercredi, mon père me ramenait le dernier numéro qu'il achetait au bureau de la FSGT (Fédération sportive et gymnique du travail). Premiers articles de Maurice Vidal, Abel Michéa, Jacques Thébaud, Robert Baran, Lionel Grivot, Roland Passevant...

Privés de Coupe du monde à un âge où le football pénètre le corps et l'âme d'un enfant avec autant de force que l'hostie dans la bouche du croyant, nous n'avions pas trouvé notre boussole. Je me souviens maintenant d'une réplique de Daniel Cohn-Bendit comme Bernard Pivot lui demandait son héros préféré, sur le plateau d'*Apostrophes* : « Kopa », avait-il répondu...

Ce type avait eu doublement de la chance dans la première partie de sa vie : enfant, il s'était enthousiasmé pour les dribbles de Kopaszewski. Il pleura de rage lorsque la Hongrie de Puskas fut battue par l'Allemagne en finale du championnat du monde, en 1954, à Berne. Plus tard, il eut même droit à cette notoriété que les pavés du printemps 1968 ne manquèrent pas de lui accorder. Notre génération n'avait eu ni les pavés ni la gloire des footballeurs. Au même âge que Dany le Rouge, je devais me contenter de Georges Lech, Georges Carnus et Marcel Aubour. Et la révolution était terminée depuis longtemps, lorsque, enfin, nous étions en âge de la faire...

Nous voulions donc d'autres victoires. Nous avions grandi – une moue en bandoulière – observant les quelques exploits de Philippe Gondet, Charlie Loubet, Bernard Bosquier, Robert Herbin, Georges Bereta. Ça ne durait jamais. Ils avaient fini par prendre une tôle, à Wembley, contre l'Angleterre, en 1966. Mes premiers souvenirs de Coupe du monde : 2-0 ! Retour à la maison.

L'espoir était revenu en 1976 avec les Verts de l'AS Saint-Étienne. En Argentine en 1978, nous avions eu le temps de remarquer qu'une génération exceptionnelle nous faisait de l'œil. Platini, Rocheteau, Trésor, Six, Battiston étaient déjà du voyage. Nous disions : « La prochaine sera la bonne. »

Nous avions raisonné de la même manière avec l'élection présidentielle. Inutile de se lamenter le soir de la victoire de Valéry Giscard d'Estaing, en 1974. La France avait changé. Nous serions patients. « Tu verras, disait Esther, ma mère, notre tour viendra ! » La gauche ne faisait plus peur. Les dames patronnesses du VIIe arrondissement parisien pouvaient bien rester planquées derrière leurs rideaux de la rue de Grenelle : les chars soviétiques n'étaient pas près de débarquer sur les Champs-Élysées ! Et quand le visage à cristaux liquides est apparu sur notre téléviseur, le 10 mai 1981, à 20 heures, nous avons certes fait des bisous au grand-père qui attendait un tel spectacle depuis la Libération, et son retour de Mathausen. Nous y avons vu aussi, sous les trombes d'eau de la Bastille, l'occasion rêvée de réconcilier la gauche avec le football. De faire de Rocheteau un titi du ballon qui avait de l'allure. D'en finir avec ces sportifs qui depuis des décennies – de Mimoun à Jazy, de Drut à Henri Michel – n'en finissaient plus de confondre la tunique bleue avec la couleur dominante de l'Assemblée nationale !

Quatre ans plus tôt, il avait suffi de quelques chevauchées de Mario Kempes pour donner un bonheur fou à plusieurs millions d'Argentins. Dépités, les Hollandais refusèrent d'aller chercher leur médaille. La démocratie pleurait dans son vestiaire. Les militaires argentins triomphaient. Videla, pouce levé. Sourire en coin. Le temps n'était pas encore venu pour le blond capitaine Astiz de payer l'addition de ses crimes contre la gauche argentine. La France allait venger la Coupe du monde. Et, avec elle, toute l'Amérique du Sud. Je comprends mieux la colère de François Mitterrand, le 8 juillet de l'année suivante. Ça n'était pas seulement la France qui mettait la RFA à genoux dans la chaleur de Séville. C'était la gauche. Le temps d'une prolongation, quelques artistes fluets faisaient danser le pays de la rigueur et de la prospérité. Le pays des blonds. Est-ce à dire que, brutalement, nous nous souvenions que la France n'avait pas eu besoin du billet vert pour se reconstruire ? Faut-il rappeler que l'Allemagne venait de basculer vers le centre droit ? Au moins, lorsque Franz Beckenbauer déclara, en toute simplicité, qu'avec les Français il ne faudrait pas hésiter à lever les crampons, le combat avait le mérite de la clarté ! C'est ainsi. Que la France mittérandienne ait eu, ou non, le génie de l'anticipation face à la chute prochaine du mur de Berlin, toute la « question » allemande n'est pas encore totalement digérée dans les profondeurs du peuple de France. Roland Dumas lui-même, futur ministre des Affaires Étrangères et fils d'un résistant fusillé par la Gestapo, ne se gênait pas pour dire au début des années quatre-vingt : « Mon passé ne me portait guère vers la passion communautaire, ni vers un rapprochement intense avec l'Allemagne. Qu'y faire : le *Deutschland Über Alless* nouait la gorge de Schumacher et Dremmler, qui en fermait les yeux d'émotion. Sans doute, quelques particules de l'histoire franco-allemande

voletaient dangereusement dans l'air de Juan Piz-
guan.

Ce qui s'est joué de terrible pendant ces tirs au
but renvoie bien au-delà d'une simple pelouse. La
France qui occupe brutalement le terrain de l'adversaire — notamment durant la seconde mi-temps,
peut-être la plus belle de toute son histoire — est une
France multiple, colorée et qui porte en elle le bal-
butiement de 1998. Le marketing en moins. Son
football n'a jamais été aussi libre. Une France née de
la Résistance. Des maquis du Vercors aux mines
de Lorraine que la Gestapo passait au peigne fin.
Tigana, le petit facteur des Caillols à Marseille, né à
Bamako. Platini, le fils d'immigrés italien. Six, le
ch'ti. Je n'oublie pas Michel Hidalgo, enfant de
l'immigration espagnole. Fils de Jaime, le métallo
communiste. Marius Trésor, l'adolescent de Sainte-
Anne. Je pense à René, l'oncle de Rocheteau, déporté
à Buchenwald, et dont les récits de bagne avaient
ému celui qui deviendrait ministre de la Culture
en Espagne : Jorge Semprun. Dans cette affaire, l'inconscient a dû faire son boulot. Je voudrais qu'on se
souvienne une bonne fois pour toutes que la natio-
nalité allemande s'obtenait encore sur les principes
du droit du sang. Il fallut attendre le milieu des
années quatre-vingt-dix pour voir un noir porter les
couleurs de la sélection allemande. Et lorsque, à la
veille de son premier match, en Espagne, le journaliste Rainer Kalbe osa demander à Franz Beckenbauer

ce qu'il pensait du football algérien, l'élégant *Kaiser* lui répondit : « C'est quoi, l'Algérie ? »

Beaucoup plus tard, je présentai furtivement Michel Platini à mon copain Bernard. Le déserteur du salon. C'était à l'occasion d'une rencontre de championnat que je devais commenter à Nancy. Platini avait pris des responsabilités au sein de l'AS Nancy-Lorraine. Il s'était mêlé à la tribune de presse. J'avais promis à Bernard une poignée de main avec la légende vivante. De retour à l'hôtel, mon copain n'en revenait toujours pas. En serrant la main de Michel Platini, il avait eu la sensation de recueillir un peu de cette immense tristesse éparpillée sur le gazon de Séville. Le match de sa vie. Le seul moment, sans doute, où Michel Platini, venant d'inscrire le cinquième tir au but, tira violemment sur les boucles de ses cheveux. Ensuite, il cria dans la nuit :
« Fait chier ! »
Bernard qui n'avait jamais assisté à la suite des événements me demanda, devant un dernier verre place Stanislas :
« Mais qui le faisait chier ?
— Devine », lui ai-je simplement répondu...

Les taxis bleus

Ceux qui croient que ce sont les mesures phy-siques et les indices de vitesse et de force qui déter-minent l'efficacité d'un joueur de football se trompent lourdement, comme se trompent lourde-ment ceux qui croient que les tests d'intelligence ont quelque chose à voir avec le talent, ou qu'il existe une quelconque relation entre la taille du pénis et le plaisir sexuel.

Eduardo GALEANO,
Le Football, ombre et lumière.

Il y a toutes sortes d'occasions de mettre un terme à sa jeunesse.

Une fille qui vous quitte, les yeux baissés, dans un café de la Porte d'Orléans. Un deuil. Les parents qui s'éloignent, et ne reviendront plus.

Moi, j'ai pris dix ans avec cette fichue soirée du 8 juillet 1982.

Seuls ceux et celles qui ont fait l'expérience de ce que peut représenter la distraction d'un match de Coupe du monde peuvent comprendre cette tristesse. Ce sentiment que rien ne sera plus jamais comme avant.

Mon ami et poète, Bernard Morlino, m'écrit cette lettre, à propos de Séville 82 : « J'avais l'idée du suicide en tête, exactement comme ces Brésiliens qui se balancent par la fenêtre en n'éteignant pas la radio qui continue à dire que leur équipe a perdu. J'ai été dépressif pendant des années à cause de ce résultat. Il m'a fallu des mois et des mois pour m'endormir sans y penser. »

Je retrouve aussi dans mes papiers, ce petit mot – du temps où j'étais à la radio – qu'un auditeur nous avait envoyés au lendemain de la victoire de 1998. Oublier Séville : « Je suis depuis deux mois volontaire étranger dans un kibboutz. Je passe mes journées à récolter des pomelos et, le soir, devant le reflet des montagnes roses de Jordanie sur la mer Morte, je laisse libre cours à mes rêves les plus fous. Toujours cette obsédante et naïve idée que toute injustice doit être un jour réparée. À Séville, à dix ans, nous basculions sans le vouloir dans le monde des adultes. Platini, Gigi et les autres entraient au Panthéon des martyrs du beau jeu et nous venions d'apprendre que le père Noël n'existait pas. » Je n'ai jamais retrouvé l'auteur de ce courrier.

Dans *Une vie française*, Jean-Paul Dubois raconte ces rares instants de sport, dont le talent est cette

capacité à se fixer durablement dans notre mémoire.
Il évoque sa demi-finale de 1958, Brésil-France (5-2),
à Stockholm, avec cette remontée de détails qui me
renvoie forcément à ma propre expérience : « L'après-
midi, à l'heure de la retransmission des rencontres,
le salon de l'appartement prenait des allures de tribune populaire. Entassés dans tous les coins, nous
suivions les arrêts de Remetter, les dribbles de Kopa
et de Piantoni, les débordements de Vincent ou les
tirs de Fontaine. » [1]
   On dirait que l'enfant Dubois est toujours dans le
salon. C'était la force des Coupes du monde. La
première finale qui s'accroche à ma mémoire et ne
la quittera sans doute jamais s'est déroulée en Angleterre, le 30 juillet 1966. Londres. Wembley. Ballon
blanc. On disait : temple du football. Pelouse à
l'allure si douce – presque moelleuse – que le sentiment de lenteur dans le jeu s'en trouve aujourd'hui
renforcé. Été 1966. Dans la salle de bains, ma grande
sœur, Martine, fredonnait *Yesterday* des Beatles...
   Je suis assez effaré de m'apercevoir encore maintenant que la seule évocation de certains noms de
joueurs – Bobby Moore, Bobby Charlton, Franz
Beckenbauer, Uwe Seeler, Gordon Banks, Peters –
me ramène immédiatement vers la plage de mon
enfance. C'est l'heure du match. Je dois interrompre
une partie de foot improvisée dans la chaleur du
milieu de l'après-midi. D'une certaine manière, à

1. *Une vie française*, Jean-Paul Dubois, L'Olivier, 2004.

grands coups de verres de limonade et de galettes
Saint-Michel, je suis vraiment né au football, cet
après-midi de fin juillet 1966.

Séville 82 arrivait donc en cinquième position.
Cinq Coupes du monde au terme d'une période
de seize ans ! Les rythmes ont été respectés. Hélas,
la multiplication des compétitions continentales
– Coupe de France, Coupe de la Ligue, Trophée des
champions – ajoutée à la création d'une Ligue des
champions dont la première obsession est de faire de
l'argent et du grand spectacle télévisuel, n'a cessé de
banaliser notre rêve. C'est une affaire de désir.
Copiée, imitée dans sa puissance, la Coupe du
monde revient certes tous les quatre ans – il fut
question de l'organiser tous les deux ans – mais
privée définitivement de cette rareté qui fait les plus
belles aventures. Jusqu'à cette obligation qui nous est
faite, désormais, de dire et d'écrire : Coupe du
monde de la FIFA !

Pauvres marchands !

Séville 82 fait donc partie de ces quelques bagages
dont les raretés jonchent, abandonnées, le sol de
notre mémoire d'enfant puis d'adolescent.

Je me souviens de l'heure, du jour. Je revois la
couleur des canapés. Les cris que certaines familles
poussaient aux fenêtres de cette petite résidence
située à quelques centaines de mètres de la gare
d'Épinay-sur-Orge, dans l'Essonne.

Séville 82 nous ramène à des années perdues qui
ne reviendront pas. Comme une obsession. Ça n'est

pas la bière dont les hommes raffolent devant un match de football. C'est le retour délicieux, éphémère, d'une enfance qui a roulé très tôt avec un ballon de foot.

D'ailleurs, j'écris *Séville*, et maintenant certains événements me reviennent qui avaient, à l'époque, suscité notre intérêt, nos passions, des disputes aussi. Certaines disparitions. Quelques refrains à la mode, Beyrouth sous les bombes, tous ces événements resurgissent grâce au seul talent d'un match de football.

Avant de me lancer dans l'écriture de *Séville 82*, j'avais depuis longtemps cessé de fredonner certaines chansons aujourd'hui démodées. Voici qu'elles reviennent, dans le souvenir d'un jour d'été finissant, au moment où Alain Giresse s'enfonce une première fois dans la défense allemande.

« Comme un avion sans ailes... J'ai chanté toute la nuit... »

Charlélie Couture avait la voix cassée d'un type qui a beaucoup pleuré. Mais nous savions bien, avant même le coup d'envoi, qu'il était de Nancy, et que Michel Platini l'aimait bien.

En ouverture d'un dossier d'une dizaine de pages que l'hebdomadaire *Paris Match* consacre à cette demi-finale, un titre résume assez bien ce qui va se nouer entre la France et l'Allemagne : « Le chagrin et la colère ! »

Le clin d'œil en direction du *Chagrin et la Pitié* – chef-d'œuvre de Marcel Ophuls – est manifeste.

Ce film, tourné en 1969, est une plongée historique dans le centre de la France – Clermont-Ferrand et ses environs – faisant apparaître sur la pellicule un pays de vainqueurs qui ne fut pas toujours résistant ! Le génie de Marcel Ophuls tenait dans cette caméra qui parvenait à clouter des portraits comme on fixe pour l'éternité des papillons sur un morceau de carton à l'aide d'une simple aiguille à coudre. La France profonde défilait : un pharmacien, bon bourgeois de province, dont le moins qu'on puisse dire est que l'officine n'avait guère souffert de l'occupation allemande. Deux frères communistes, résistants de la première heure. Un officier allemand, qui regrettait le bon temps : le meilleur hôtel de la ville pour ses soldats. Un ancien champion cycliste – Raphaël Géminiani – se souvenait avec tendresse d'une période où l'on pouvait quand même draguer les filles sur les allées. Ce film, nominé aux oscars 1970, devait être gênant : il fallut attendre 1981 pour le voir à la télévision ! Quelques mois donc avant Séville. Avec le recul, il y a tout de même de quoi sourire ! Quand Charles Corver donne le coup d'envoi du match, la France n'a pas encore ouvert tous les placards de son histoire. Il faut avoir grandi en effet dans une famille de communistes pour savoir depuis belle lurette que Mitterrand avait eu la francisque et qu'il était allé respirer tranquillement l'air un peu vicié des allées de l'Hôtel du Parc, à Vichy. Je dois bien admettre qu'à la maison j'en savais beaucoup plus sur les sociaux-traîtres, la guerre d'Algérie,

et les pleins pouvoirs à Pétain que sur les crimes de
Staline. Ce qui compte, c'est que, plus tard, je me
suis renseigné.

Bref, quand le livre de Pierre Péan, *Une jeunesse
française*, nous donne enfin certains détails croustil-
lants – Bousquet à la campagne, chez les Mitterrand –,
des types sortiront du bois pour nous expliquer que
la gauche française avait un peu hésité à l'idée de
donner le pouvoir à un homme qui avait souvent
confondu son amour de la terre avec l'amitié en
direction de collaborateurs zélés !

Étrange contradiction, non ?

Pendant qu'en Allemagne – depuis le début des
années soixante-dix – toute une jeunesse se mettait
à réclamer des comptes à papa et maman sur leur
emploi du temps entre 1933 et 1945, les Français,
eux, faisaient les fiers-à-bras. Question : Maurice
Papon, complice de crimes contre l'humanité,
nommé ministre du Budget en 1978, avait-il vibré,
ce jeudi 8 juillet ?

Je trouverai bien le temps de lui demander s'il a
vu le match. Ce qu'il en a pensé. Touvier se la coulait
toujours douce, entre deux couvents. Klaus Barbie,
bourreau de Jean Moulin, s'appelait encore Altman
et buvait des jus de papaye en Bolivie. Grâce au
travail des époux Klarsfeld, il serait arrêté un an plus
tard.

C'est donc le foot, ou plutôt la beauté sombre de
France-Allemagne, qui parviendra, seul, à faire resur-
gir une histoire que nous avions fini par mettre de

côté. Mon confrère du journal *L'Équipe*, Didier Braun, voit juste lorsqu'il écrit, vingt ans plus tard : « Le déroulement de cette brûlante demi-finale de Coupe du monde 1982, l'épisode de l'agression de Battiston par Schumacher – venant après l'arrangement entre amis du match RFA-Autriche qui avait éliminé les Algériens au premier tour – puis le retour allemand de dernière minute et la dramatique épreuve des tirs au but réveillèrent instantanément des sentiments nauséeux qui s'exprimèrent, à jet continu, jusqu'au standard de ce journal, dès le petit matin qui suivit le match. » Le temps allait donc se gâter. Harald Schumacher, en effet, y mettrait du sien, à la cinquante-septième minute de la rencontre.

Mais au commencement de Séville, il y a le jeu, et rien d'autre. Le jeu. Une semaine après la demi-finale, l'envoyé spécial de *France Football*, Gérard Ernault, écrit : « Personne n'oubliera ce qui s'est passé à Séville le 8 juillet 1982. Le match se suffisait à lui-même. Il ne tolérait aucun arrière-plan, aucune arrière-pensée pour le soutenir. C'était le football à l'état nu. » Le jeu. Y compris dans les blagues de potache qu'on s'envoyait du haut de la tribune de presse. Franchement, on est plus proches de *La Grande Vadrouille* et de *La 7ᵉ Compagnie*, que de *Nuit et Brouillard*...

« On va les niquer ces vert-de-gris ! » balançait dans un sourire Jacques Vendroux, qui commente le match sur France Inter avec Pierre Loctin.

« T'as raison Jacques, on va se les faire, ces sales boches », lui répondent en chœur les envoyés spéciaux de RTL.

Ce serait donc le soir du grand soir ?

Non, c'est beaucoup plus tard que la magie andalouse nous ramène à d'autres combats. Beaucoup plus tard dans la nuit.

Il y a ce rendez-vous allemand, dans la salle d'attente de l'aéroport de Séville. Toute cette attente. La fatigue accumulée. L'Allemagne s'impatiente dans l'attente d'un avion pour Madrid. La France va rejoindre Alicante. Et les joueurs des deux camps qui ne cessent plus de se défier du regard. Une quinzaine de mètres les séparent dans la salle d'attente. Ils sont comme des chiens qui s'aboient à la gueule. On se jauge. 4 heures du matin. Des regards de haine. L'envie brutale d'en découdre. Prolonger le combat. Il faudra retenir Jean Tigana. Le joueur était en pleine crise de nerfs. Il voulait aller dire quelques mots à l'arbitre Charles Corver. Difficile, forcément, d'apercevoir cet arbitre en grande conversation, sourire aux lèvres, avec Breitner et toute la bande.

« Laisse tomber Jeannot », lui lance Platini. Et Tigana se remet à pleurer derrière ses Ray-Ban...

Sans doute, les joueurs – allemands et français confondus – avaient-ils épuisé toute leur réserve d'un jeu sublime. Ce qui faisait dire au grand essayiste, passionné de football, Roland Barthes, que le sport « retourne alors au monde immédiat des passions et des agressions, et il y entraîne la foule qui venait précisément lui demander de l'en purifier ».

Le jeu, et cette incomparable gratuité du geste.

Il suffit de revoir Séville pour mesurer à quel point nous avons perdu les uns et les autres. À Séville, c'est encore un temps où le joueur se satisfait d'être lui-même. Aucun nom ne figure au dos des maillots. Les muscles ont encore la finesse d'une certaine forme d'improvisation. Viendra le temps des acteurs. De ce cher business...

Je n'aime pas notre époque.

Il me semble que le marché a détruit ce que nous respections d'incertitude et de légèreté. Notre enfance. Ça n'est sans doute pas un hasard si les plus grands meneurs de jeu ont toujours superbement ignoré la caméra de l'intime. Trop concentrés sur le jeu. Tellement détachés aussi. Mise en scène ou merveilleux toucher de ballon, il faut choisir. Dans ce football devenu fiction, les joueurs finissent par ne plus s'appartenir. Quelle tristesse d'observer en gros plan le Lyonnais Juninho qui en appelle avec insistance aux dieux du ciel. Prière de pacotille à l'heure du match décalé sur Canal Plus ! Que je sache, une prière – fût-elle en plein air – réclame un espace de silence et de solitude plutôt qu'une caricature grossière de bigot brésilien, en gros plan, devant plusieurs dizaines de millions de téléspectateurs.

Séville 82 nous bouleverse pour la simple raison que le mystère, la pudeur, le secret des hommes vaincus échappent encore au viol de la mise en scène.

Devant mon poste de télévision, j'imagine, je devine en effet le chagrin et la colère du vestiaire. Cela nous suffisait bien. Rien de plus débile que cette orgie moderne d'images, de cris, de chaussettes qui volent dans l'humidité d'un vestiaire.

Lorsque nous arrivons aux prolongations, ce désordre est merveilleux. Aucun journaliste sur la pelouse. On se contente de flirter avec l'intimité d'un groupe. Séville encore, où malgré la faute spectaculaire d'un joueur aux dépens d'un autre, une équipe ravale sa colère, accepte la décision contestable de l'arbitre, puis se jette de nouveau dans la bataille du jeu. Nous vivons désormais l'agonie du football moderne, avec son lot de braillards et de supporters qui n'aiment rien tant que de tourner le dos au seul spectacle du terrain.

Oui, restons à Séville.

À la mi-temps, dans cet étroit vestiaire qui n'a pas changé d'allure depuis 1982, Platini et ses copains étaient heureux. Ils ont bu quelques tasses de thé. Pris quelques cuillerées de miel. Café. Sucre. À Bilbao, dans la chaleur atroce d'un premier match contre l'Angleterre, ils s'étaient allongés sur le carrelage des douches, nus, cherchant la fraîcheur.

À Séville, ils se contentent de changer de maillot. Je crois ne pas me tromper en écrivant qu'une forme de joie est sur le point de s'imposer dans ce vestiaire. Elle ne tient pas seulement au fait que l'équipe de France est revenue au score dès la vingt-septième minute, grâce à Michel Platini. Non, c'est autre chose.

Plus tard, on oubliera que le carré magique s'est définitivement imposé le 8 juillet 1982 à Séville. Les Français confirmaient en effet un schéma tactique mis au point trois jours plus tôt contre l'Irlande du Nord balayée (4-1). Merveilleuse alchimie qu'une blessure de Michel Platini a suscitée involontairement.

Absent contre l'Autriche (1-0), but de Genghini sur coup franc platinien, le capitaine de l'équipe de France est brutalement placé au centre d'une interrogation nationale : « Les Bleus sont-ils meilleurs sans Platini ? » s'interroge *L'Équipe* le surlendemain du match.

La grenade est vicieuse lorsqu'on sait le rôle joué – à l'époque déjà – par le futur *capocanoniere* de la Juventus de Turin dans la réussite de l'équipe de France. C'est notre grand défaut à nous journalistes. On a du mal avec le rétroviseur. Parfois, ça nous fait rire de brûler le mercredi ce qui faisait briller notre plume, ou notre micro, la veille encore. Faut-il rappeler en effet que Michel Platini, affamé comme jamais, pathétique d'angoisse, fumant clope sur clope au cours du stage précédant ce moment décisif, nous avait envoyés en Espagne, le 17 novembre 1981, grâce à un coup franc de folie contre les Pays-Bas de Neeskens, Muhren et Van Breukelen ?

Je me suis renseigné. C'est un vieux monsieur – déjà, en 1982 – qui fait la blague : Jacques Goddet.

Lui-même. Soixante-dix-sept ans et toutes ses dents lorsqu'il s'agit de monter un joli coup !

Les vieilles personnes ont souvent des pétards plein les poches, histoire de faire rigoler les plus jeunes de la famille. Jacques Goddet, fondateur et directeur du journal *L'Équipe*, avait fait l'impasse sur la sieste. Il avait préféré regarder France-Autriche. Le soir, à la fraîche, il était en pleine forme lorsque l'un des envoyés spéciaux, Philippe Tournon, envoyait son papier pour le lendemain matin. Philippe avait tout de même autre chose à faire qu'admirer l'architecture du vieux stade Calderon. D'ailleurs, le stade était vide depuis un bon bout de temps, et il aurait aimé rejoindre ses copains du journal dans le bus qui les attendait à l'extérieur.

Une voix s'élève alors dans l'un des bureaux :
« Passez-le-moi...

Philippe n'avait eu aucune difficulté à identifier la voix de son patron...

– Dites-moi mon vieux... »

Depuis qu'il avait confondu, au cours d'une réception, Jacques Thibert, rédacteur en chef de *France Football*, et Guy Périllat, vice-champion olympique de descente à Grenoble en 1968, le patron préférait maintenant s'adresser de cette façon à son interlocuteur. Au journal, ça faisait marrer tout le monde, y compris les sténos...

« Oui, mon vieux... J'ai vu le match... Quel talent ce Genghini ! Je crois qu'on tient notre sujet pour après-demain... C'est clair, ils jouent très bien sans

Platini... Les Français l'ont bien vu... Qu'en pensez-vous mon vieux ?

— Euh... Si je peux me permettre, monsieur Goddet... Quand on a un Platini dans l'équipe, je ne vois pas très bien comment on peut s'en passer...

— La preuve, mon vieux... Après-demain, ce sera la une du journal ! »

On imagine parfaitement la réaction de Michel Platini lisant pendant la Coupe du monde ce genre d'analyse : « Ce qui est vrai en revanche, c'est qu'à nos yeux Platini n'est plus indispensable, qu'il a donc moins que jamais à peser sur les décisions d'Hidalgo. Il est devenu un joueur parmi les autres, disponible, capable de faire accéder l'équipe de France à un rang encore plus élevé. Mais conscient, comme il l'a toujours prétendu, que l'équipe de France existait sans Platini et qu'elle continuerait d'exister après lui. »

L'histoire ne dit pas si Michel Platini, jouissant d'une retraite méritée, en a profité pour taper la belote avec l'auteur de cet article, Jacques Ferran. On peut toutefois imaginer sa colère. Son amertume aussi. Car Platini n'était pas seulement un joueur capable de déposer sur l'oreille d'un camarade de jeu une transversale de plus de cinquante mètres. C'était aussi le genre de chef dont l'autorité naturelle tolérait mal que l'on puisse, à un moment ou à un autre, douter de son génie. Les plus grands artistes, quelles que soient leurs activités, finissent souvent par aimer le pouvoir. Le pouvoir, dans ce qu'il prolonge tout à fait naturellement le don et les efforts qui l'ont précédé. Et que je sache, le pouvoir n'a jamais appris à se partager. À l'époque où le jeune Platini s'invente des une-deux, avec les arbres de la rue Saint-Exupéry, sur les hauteurs de Jœuf, son père, Aldo, est formel : « Mon fils est déjà un chef ! Et lorsque le ballon roule tout en bas de l'impasse, puis s'arrête près du pont de chemin de fer, ça n'est pas bien grave. Le tout jeune Platoche a le don d'envoyer l'un de ses partenaires de jeu chercher le cuir. »

Malin, mais mortifié par la critique et le doute d'une partie de la presse, Michel Platini va donc la jouer modeste : « Ne me faites pas jouer, Michel, dit-il au sélectionneur, si ça peut arranger les choses et calmer les esprits. Les vainqueurs de l'Autriche méritent de jouer contre l'Irlande du Nord. » Mon œil !

On devine la suite de l'histoire.

Surtout, ils ne se rendent pas compte, ces patrons de presse. Balancer un pétard sous la robe de la mariée n'est déjà pas très malin. Ensuite, il faut voir l'état de la jarretière, et surtout la gueule du marié ! J'en connais un, Jean-Yves Dhermain, qui s'en rappelle, lui, des conséquences de la bonne blague du vieux Goddet. Chaque jour, Jean-Yves filait sur les hauteurs de l'hôtel *El Montico*, au-dessus de Valladolid. Là-bas, dans la sécheresse suffocante de la vieille Castille, Platini, consultant sur Europe 1 depuis quelques mois, reprenait des forces et du courage. Le service des sports, dirigé à l'époque par Fernand Choisel, avait emmené un duo qui avait de l'allure : Platini-Piantoni, de quoi en boucher un coin à ceux et celles qui doutaient encore des vertus de l'immigration. Deux mois plus tôt, le 30 avril, Eugène Saccomano, qui n'allait plus tarder à prendre le pouvoir des sports – tout le pouvoir – rue François-Ier, avait eu le scoop de la signature de son ami Platini à la Juve. « L'un de mes plus beaux », dit-il encore aujourd'hui. Auparavant, il n'avait eu aucune difficulté à le convaincre de réaliser un autre transfert, cette fois radiophonique.

Plus tard, en particulier pendant le championnat d'Europe 1992, je ferais avec Jean-Pierre Papin ce que Jean-Yves faisait avec Platini. Je connais un peu la musique. La star qu'il ne faut surtout pas froisser. De l'eau tiède, mais ce qui compte, c'est d'avoir le robinet en or. Jean-Yves n'a jamais eu le profil de celui qui baisse la garde. Peu de cheveux sur le crâne, mais à l'intérieur, une mémoire d'éléphant. Bien des années après Séville, au moment d'écrire un papier, ce disque dur me rendra bien des services ! Alors, au moment précis où il recueille les dernières impressions du « Roi-Soleil » éclaboussé par la bonne blague de Jacques Goddet, c'est le drame.

« Qu'est-ce que ça vous fait de voir l'équipe de France jouer un bon football, mais sans vous ?

– Pas ça, pas toi. Petit con... »

Michel Platini n'adressera plus la parole à Jean-Yves, pendant sept ans. Ça vient de loin, la rancune. Jusqu'à ce jour d'été 1989. Jean-Yves avait dû faire le déplacement jusqu'en Italie. Platini venait d'être nommé sélectionneur. Le jeune reporter qui avait vexé la star ne s'occupait plus de sport, mais c'était l'été. Et l'été, c'est bien connu, il n'y a plus grand-monde dans les bureaux. On a fini par s'habituer au bruit que font les balles de tennis sur les écrans de télévision. Les coureurs qui en bavent dans les cols, sur les routes du Tour de France. Seul le gros fait divers classique a les moyens de ruiner cette douce torpeur qui s'abat sur toutes les rédactions du monde au cours de cette période ! Jean-Yves était bien le seul à pouvoir recueillir les premières impressions de Michel Platini. Et puis mince, sept ans avaient tout de même passé. Après avoir fait attendre le pestiféré pendant plus de deux heures, le voilà qui sort du restaurant de l'hôtel *Ambasciatorre* avec ses deux potes, Marco Tardelli et ce pauvre Ciréa, qui mourra un peu plus tard dans un accident de voiture. Trois copains de la Juventus qui se retrouvent autour d'une bonne table pour parler du bon temps. Mme Platini – Christelle – accompagne le tout jeune sélectionneur. Trente-quatre ans à l'époque. Sept ans ont passé depuis la question qui fâche. Mais, manifestement, Platini a toujours l'Espagne au cœur.

« Regardez bien ce gars-là, il s'est demandé un jour si Genghini était plus fort que moi... Eh ! Jean-Yves ! Moi, des coups francs comme ça, j'en marquais tous les dimanches au Stadio Communale ! »

Cette fois, l'affaire était close.

Face à l'Irlande du Nord, en effet, puis contre la RFA, ce sont quatre joueurs au tempérament offensif qui animent le milieu de terrain. Quatre créateurs. Inventeurs de jeu. À gauche, plus près de la défense, Bernard Genghini. Seuls ses yeux qui semblent cernés de khôl le font se détacher de ses partenaires. Mais sur le terrain celui qui vient de signer à l'AS Saint-Etienne est une pierre qui roule à merveille, dans un dispositif dont l'ambiance, désormais, n'est pas sans rappeler le *toque* colombien, ou la *furia* péruvienne des années Cubillas et Perico León. Dans mon souvenir, ces types n'avaient franchement peur de rien. Ils pouvaient dégainer à n'importe quel moment dans une défense adverse. Mais Perico León avait tout de même tendance à exagérer : dès qu'il avait un bon coup franc, il envoyait systématiquement un joyeux crachat à la figure de ses adversaires...

Bernard Genghini est souvent l'un des premiers à déclencher la charge des Bleus.

À ses côtés, Giresse et Tigana, très proches l'un de l'autre, parviennent néanmoins à créer de la distance, une certaine fluidité dans leur jeu. Michel Platini est le plus souvent au centre, et je ne connais pas expression plus juste que celle de chef d'orchestre pour désigner celui qui a la main sur le jeu et l'ascendant sur ses partenaires.

À propos de ce jeune homme que la France du football découvre le 26 mars 1976 au Parc des Princes, à l'occasion du match France-Tchécoslovaquie, il ne faut jamais oublier que le doute, au moins sur le terrain, a toujours été absent de cette toile d'araignée qu'il tissa durant un peu plus de dix ans.

Vingt-trois ans ont passé, depuis la fin de cette première mi-temps, à Séville.

Je découvre le fossé, profond, qui sépare les deux meilleurs joueurs français de tous les temps, Platini et Zidane. Le premier est un homme de verbe. De geste. C'est un commandant. Un homme de pouvoir aussi, capable de régenter jusqu'à l'arbitre du match. Le second est un footballeur du silence. Parfois seulement, il explose. Mais treize cartons rouges durant sa carrière...

À Séville enfin, Dominique Rocheteau a tendance à décrocher de l'attaque, comme un feu follet qu'on rallume, si nécessaire.

Le vestiaire s'est refermé.

Michel Hidalgo a prononcé quelques mots. Hors les moments de grande tension, ce sont toujours des propos assez simples, convenus, qui s'échangent dans le secret du vestiaire. Les joueurs demeuraient concentrés.

Le sélectionneur s'est approché de Patrick Battiston. Il lui a demandé de se préparer à jouer la seconde mi-temps. Patrick n'osait y croire. Une demi-finale de Coupe du monde ! Invraisemblable. Lui qui en avait tant bavé, quelques jours plus tôt, sous les ordres de Marc Bourrier, adjoint de Michel Hidalgo.

Alors, Patrick Battiston est allé voir Genghini :
« Tiens le coup Bernard, tu ne sors pas pour me faire
plaisir, on est d'accord hein ? »

Bernard Genghini a reçu en première mi-temps
un sale coup, signé, Stielike, libero du Real Madrid
et grand patron de la défense ouest-allemande. Cette
blessure est la seule fausse note de ce début de rencontre. Elle marque aussi un tournant pour les Bleus,
dont le milieu de terrain ne va plus tarder à vivre
un drame beaucoup plus profond.

Plus tard dans la rencontre, les joueurs de l'équipe
de France seront incapables d'assumer leur statut de
leaders. Ils mèneront 2-1, puis 3-1. Mais la perspec-
tive de se qualifier pour la finale de la Coupe du
monde était une chose absolument impossible à réaliser. Ils étaient brusquement devenus des enfants
perdus, à force de se trouver si près du Graal !

Pour l'instant, ils font jeu égal avec la RFA.
Mieux : les Allemands ne sont guère rassurés par ce
jeu court, vif, totalement spontané et qui ne cesse de
les surprendre. Très vite, on dirait des boules de
flipper qui se croisent, insolentes, sous votre pif !
À tort, on écrira que les Allemands avaient d'abord
pris l'ascendant sur la France. Faux ! Simplement,
Breitner et ses copains effectuent d'entrée de jeu un
pressing assez lourd. Privés de ballon, les Bleus ne
parviennent pas encore à dérouler. À se trouver sur
le terrain. Toutefois, ils se montrent déjà dangereux.
Je pense à ce ballon que Didier Six transmet dans la
course à Gigi. Le petit Bordelais appuie sur l'accélé-

rateur et frappe une première fois. Frappe repoussée par la défense allemande. Le ballon lui revient, et, comme à l'instinct, Alain Giresse effectue un contrôle de la poitrine et tente de lober Schumacher. Superbe et déjà révélateur du jeu produit par cette génération. Des quatre milieux de terrain, quatre joueurs attirés par le but comme les chats devant tout ce qui vole, Giresse était le plus lourd : soixante-quatre kilos !

Toutefois, au terme d'un premier quart d'heure assez équilibré, le travail de sape effectué au milieu du terrain par Briegel le Décathlonien et Paul Breitner avait fini par payer.

C'était toujours la même histoire.

La même remontée du ballon. Ces passes qui vous arrivent comme des coups de marteau. Des types capables de se transformer en chevaliers de l'Apocalypse. Jamais impressionnés par l'espace alentour. L'espace, ils le dévoraient comme des garçons longtemps privés de nourriture !

Quand la France chargeait en groupe, le cœur solitaire d'un Briegel, les accélérations de Magath pouvaient tout arracher sur un seul passage. C'était toute l'histoire du football allemand qui recommençait. Comme on observe parfois ces dépliants touristiques en forme d'accordéon. Un coup d'œil dans le rétroviseur nous rappelait que cette Allemagne avait toujours eu en magasin des porteurs d'eau et des artistes. Des voyous, certes, mais aussi de superbes musiciens !

Hier encore, champions du monde 1974 ! Les molosses, Vogts, Schwarzenbeck, s'entendaient parfaitement avec des joueurs qui savaient bien caresser le cuir : Beckenbauer, Overath, Grabowski, Netzer, ou même Gerdt Müller lorsqu'il se retournait dans une surface de réparation !

Plus près de nous encore, les champions du monde 1990 : le petit Littbarski est encore là. Hässler, Matthäus, Klinsmann. Cette Allemagne, finaliste encore de la dernière Coupe du monde en Corée face au Brésil !

Classique remontée du ballon donc !

Peut-être aussi parce que la défense des Bleus n'a pas encore totalement pris ses marques.

Alors, légèrement sur la gauche, Dremmler avait trouvé son capitaine, Paul Breitner, exactement dans le rond central.

Breitner...

Certes, ça n'était plus le Breitner de 1974.

Le Paul Breitner au visage émacié.

Un drôle de type chevelu, qui soutenait en cette fin des années soixante-dix, les manifestations de plus en plus violentes d'étudiants dans les rues de Francfort, Cologne ou Munich. Plus tard, on a bien compris qu'il y avait certainement une bonne dose de marketing derrière le personnage. Qu'importe.

Nous avions à peine plus de vingt ans le soir de Séville. Ce temps n'était pas si loin où j'affichais dans ma chambre d'étudiant les photos en noir et blanc des terroristes membres de la Fraction armée rouge :

Andreas Baader, Ulrika Meinhof et Gudrun Ensslin. Tous suicidés, à l'automne 1977, dans leur prison de Stanheim.

Nous avions soutenu avec ferveur la visite de Jean-Paul Sartre en Allemagne ; le philosophe avait obtenu l'autorisation de se rendre dans la prison de Stanheim. L'auteur *Des mots* et de *La Nausée* s'était entretenu pendant plusieurs heures avec Andreas Baader. Aujourd'hui encore, je me demande bien comment le leader de la *Rote Armee Fraktion* (Fraction armée rouge) a pu se suicider d'une balle dans la nuque !

Le 19 octobre 1977, Serge July, qui n'avait pas encore trempé sa plume dans le fiel pour tout ceux qui ont dit non au référendum européen du 29 mai dernier, rendait hommage aux terroristes retrouvés morts dans leur cellule. « Même si, comme le groupe Baader, ils ont parfois poussé l'intolérance jusqu'au crime, il conviendrait de ne pas oublier qu'ils voulaient changer de vie à en mourir. »

Dans cette résistance désespérée, derrière l'assassinat du patron des patrons, Hans Martin Schleyer, quelque chose me fascinait qui avait une relation directe avec le rejet d'une Allemagne oublieuse de son passé. Cette Allemagne prétentieuse et fière de sa croissance. Obsédée par le fric. Le cuir de ses BMW. La propreté de ses villes. Une Allemagne qui n'avait pas perdu de temps pour distribuer ses marks dans les stations touristiques de bord de mer, en Roumanie ou en Bulgarie.

Je vomissais cette Allemagne.

Je préférais rejoindre mes copains clandestins, en RDA. Le soir de Noël, nous allumions des cierges dans des églises surveillées par les *Vopos*. Anna, Mark, Bruno, Ulrich rêvaient certes d'un monde plus libre et confortable que celui de la République démocratique allemande. Mais jamais ils n'ont été crédules. Ils ne voulaient pas d'un monde sans emploi et dont le cœur ne bat plus qu'au seul rythme du profit. Ils savaient bien que, de l'autre côté, des grappes entières d'anciens nazis avaient repris du service. Des procureurs même, anciens SA, rendaient la justice au nom de la lutte contre le communisme !

Mes amis étaient mélancoliques. Aimaient le bon vin. Dans les nuits froides de Schwerin, bras dessus, bras dessous, nous chantions les refrains de Léo Ferré et Nina Hagen. Qu'y faire ? À Paris comme à Berlin, nous avions depuis longtemps cousu au revers de nos vestes la seule phrase qui nous donnait envie de sortir le revolver : « Transformer le monde a dit Marx, changer la vie a dit Rimbaud, ces deux mots d'ordre pour nous n'en font qu'un. » André Breton valait bien une visite, de temps en temps, sur sa tombe des Batignolles.

Ni dieu ni maître.

À sa façon, Paul Breitner nous réconciliait avec ce pays qui nous inquiétait. Décidément, elle ne me plaisait pas cette République fédérale allemande. De passage à Hambourg – sur le chemin de la RDA – je m'étonnais au détour d'une conversation de constater à quel point certains de ses habitants ne parvenaient toujours pas à nommer le Führer ! Ils disaient : l'autre...

J'écris *Séville* au moment où le Centre Pompidou consacre une rétrospective au cinéaste Rainer Werner Fassbinder. Fassbinder meurt en 1982, quelques jours avant cette demi-finale de Coupe du monde.

Je crois qu'un lien ténu, puissant, existe entre cette guérilla urbaine qui n'avait pas les moyens de lutter contre l'appareil policier ouest-allemand et tous ces films, ces livres que j'ai tant aimés à l'époque. Dans mon esprit, c'étaient les derniers Apaches. Les derniers résistants, avant que le mur de Berlin ne s'effondre et n'offre une victoire finale, quasi définitive au libéralisme. Ces mecs, ils étaient si forts. Visionnaires aussi. Wenders filmait les rêves d'une ville, nos angoisses. Fassbinder donnait du cœur à ceux que la société rejette. Homosexuels, artistes oubliés. Forcément, ça devenait impossible de les traiter de sales boches pour la seule raison qu'ils étaient plus chanceux que nous balle au pied.

Devant mon poste de télévision, il y avait deux sortes de joueurs allemand. C'était une affaire sérieuse. Ce choix pouvait être illustré par une scène du *Couteau dans la tête*, film de Reinhard Hauff que je venais de revoir avec ma petite copine de l'époque, Dominique : quelques jeunes gauchistes allemands distribuent des tracts dans une gare. La police charge. La traque est violente. Les étudiants s'égaillent et courent. C'est chacun pour soi. Sur le quai, en sens inverse, un passant fait un croche-pied. Le jeune homme s'écroule. Le donneur file, sans être inquiété. Je ne trouve pas plus belle métaphore que ces deux comportements contradictoires pour décrypter cette Allemagne qui se cherche encore au début des années quatre-vingt.

Tous ces fils qui avaient honte de leurs pères. Et cette mémoire que l'opulence avait le talent de masquer par peur de devoir rendre des comptes. Car enfin, cette Allemagne se reconstruisait sur les braises de ceux sans qui Hitler n'aurait peut-être été qu'un pauvre peintre raté : Krupp, Thysen, IG Farben, Siemens, autant de fortunes qui n'avaient pas hésité à faire le lit douillet du nazisme !

Brusquement, nous avons pensé que Schumacher pouvait être l'homme du croche-pied, tandis que Paul Breitner aurait très bien pu faire partie de cette bande qui distribuait les tracts en gare de Munich !

Le temps du match, le temps de tous nos espoirs, puis d'un immense chagrin, Séville se donnait des allures de farce historique. Un piège dans lequel tous les fantasmes avaient brusquement droit de cité. Restait le jeu. Le jeu intact, vingt-cinq ans après les faits.

Paul Breitner donc...

J'écris comme je parle. Comme je parlais, enfant, sur les plages de Saint-Brévin-les-Pins. Là même, curieusement, où le « Juif allemand » Daniel Cohn-Bendit poussa lui aussi ses premiers ballons durant l'été 1955.

Breitner récupéra ce ballon dans le rond central. Il s'avança, évitant assez facilement le tacle de Didier Six. Plus loin, Michel Platini prit la pose du sprinter facile qui relève le torse dix mètres avant la ligne d'arrivée : il laissa filer le milieu de terrain du Bayern. De ses nombreux matchs au poste d'arrière gauche, Paul le Rouge avait conservé cette souplesse de félin qui lui permettait, tranquille, d'échapper à son adversaire tout en conservant le ballon qu'il poussait du pied droit.

Breitner encore... Breitner toujours...

Les Français n'en finissaient plus de reculer. Dans la falaise bleu nuit, une brèche fissurait l'ensemble : Klaus Fischer, décalé sur la droite, s'enfonça comme un couteau. Jusqu'à la garde. Pauvre Jean-Luc Ettori, que la presse n'en finissait plus d'éreinter depuis le début de la compétition. Vingt-sept secondes de jeu, et l'humiliation totale contre l'Angleterre de Robson, à Bilbao. Chaleur atroce. Nombreuses interrogations. Jean-Luc avait tant travaillé pour faire taire les critiques. Presque jour et nuit. Curkovic, la légende des Verts 1976, le chaperonnait doucement. « T'en fais pas, lui disait-il à l'entraînement, ce sera toi et toujours toi. Les autres peuvent bien la ramener. »

Et ce fut en effet la Coupe de Jean-Luc Ettori, quand tout le monde aurait pourtant parié sur le baba cool du Paris-Saint-Germain, Dominique Baratelli. Baratelli, avec un grand B, comme banni ! Dans la chambre qu'il partageait avec Rocheteau, celui dont François Mitterrand disait qu'il devait être le titulaire ne décolérait pas.

Pour Ettori, les ennuis recommençaient !

Courageusement, le gardien de but de l'AS Monaco sortit dans les pieds de Klaus Fischer, repoussant le danger le plus loin possible. Jeu de billard. Juste devant la surface de réparation, celui qui deviendrait trois ans plus tard, le coéquipier de Maxime Bossis, au Matra Racing, attendait, tranquille. Pied droit comme à la volée, avec le corps légèrement déhanché sur la gauche. Le chéri des dames. Littbarski : une gueule à chanter dans le groupe Abba. 1-0 pour l'Allemagne.

Au fil du temps, je m'aperçois que les joueurs sont devenus comme des copains.

Grâce à la cassette du match, je connais cette terrible histoire presque par cœur. Vingt-cinq ans que je la rumine. Comme un long poème, parfaitement rythmé, et dont le plus obscur des alexandrins finit par nous être familier ! « Sois sage, ô ma douleur, et tiens-toi plus tranquille... »

Je comprends mieux aussi pourquoi Séville 82 a cimenté durablement certaines amitiés. C'est quelque chose d'assez extraordinaire. Bien réel. Dans son livre, *Je refais le match*, Eugène Saccomano observe avec justesse ce qui peut naître dans le décor d'un but ou d'une passe décisive. Ainsi, de l'Euro 84, et du but victorieux de Platini à la fin des prolongations. « Mille fois raconté. Il résume pourtant

la complicité et l'amitié qui vont naître symbolique-
ment ce jour-là entre le grand Michel Platini et le
petit facteur des Caillols. Les ânes du Montico ne
braient plus. Le Sancho maigrelet apporte, côté droit,
la balle du bonheur à son patron Don Quishoote.
Michel ne sera pas ingrat. À chaque occasion, il pous-
sera Jean vers les postes à responsabilités en ne réus-
sissant pourtant pas à l'imposer, en 2004, à la tête
de l'équipe de France. »

Certes. Mais c'était en 1984. Déclic d'un bonheur
annoncé avec le titre de champion d'Europe conquis
sur la pelouse du Parc des Princes, contre l'Espagne.
J'ai presque envie d'interroger les chasseurs de scoop :
mon Dieu, à quoi peut bien tenir une amitié entre
deux hommes ? Un ballon qui roule dans le bon
sens ? Une passe décisive ? Le regard au bon moment
et dans la bonne direction !

Je n'ai pas revu Tigana, et le livre ne s'en porte
pas plus mal. J'ai revu les autres. Tous les autres
acteurs flamboyants de Séville. Et qu'importe
qu'aujourd'hui l'ancien facteur des Caillols tape la
belote du côté de Cassis avec le futur patron de
l'UEFA. Ce qui compte, c'est la recherche d'une
certaine vérité.

« Comprendre, c'est comprendre qu'on n'a pas
compris », disait Nietzsche avec bonheur !

Je veux comprendre Séville.

C'est une tout autre cuisine de celle de 1984 qui
se joue dans les coursives de Séville 82. Une cuisine
qui sent le soufre. La douleur et le chagrin de ne pas

y arriver, ensemble, au début de la compétition. Toutes ces amitiés. Ces rancœurs, ces doutes, que je découvre en écrivant *Séville*.

Je n'étais jusqu'à ce jour qu'un ancien étudiant de vingt-trois ans. Téléspectateur foudroyé par une tragédie de sport. Le sidi brahim a beau couler dans les verres en plastique : foutaise. On ne console pas un tel chagrin dans l'alcool ou la drogue. Pour l'étudiant que j'étais, puis le journaliste que je suis devenu, la seule manière de faire le deuil serait, un jour ou l'autre, de comprendre. Sortir de l'impasse de Séville, comme le souffle avec malice le sociologue Jacques Blociszewski.

Alors je fonce.

Je grimpe, vingt-trois ans après en avoir chialé, les marches d'un palais dont la porte fut grande ouverte avant de se refermer dans un dernier courant d'air. J'y vais. Je n'ai pas la berlue. À force d'apprendre par cœur la partition de Séville, à force de parler avec les anciens de Juan Pizjuan, je commence à piger ce qui se joue de merveilleusement fragile dans ce match. J'ai déjà évoqué un peu plus haut certains articles, comportements qui firent tousser Michel Platini, le patron. On a beau dire en effet que la France écarte d'un revers de main l'Irlande du Nord 4-1, tout ne va pas pour le mieux, madame la marquise. La question qui tue a donc été posée par nos confrères de *L'Équipe*, juste après la victoire contre l'Autriche 1-0 : Platini est-il indispensable ? Franchement, c'est si con et dégueulasse comme question, que même aujourd'hui je me demande quel est l'empaffé qui a eu la malice de l'inventer. Ça brûle d'un côté. C'est suffisamment chaud pour que tout un groupe soit ébranlé. Mais on ferme les yeux et on donne à manger un autre brûlot ! Ben voyons.

Reprenons vite, car nous en sommes juste avant l'égalisation de Michel Platini. Un penalty, transformé dans le coin droit de Schumacher.

Après, ce sera trop tard pour se poser les bonnes questions. Nous serons à la demi-heure de jeu. Tout ce qui nous a fait aimer Séville sera déjà en place. Et nous aurons trop de joie. Trop de chagrin aussi. Battiston ne tardera plus à exploser. Trésor et Giresse vont marquer. Et l'Allemagne va se souvenir, corne de brume dans le dos, qu'elle est toujours revenue de l'enfer. Toujours. Personne ne peut oublier cette chose. Revenue en 1954, contre la Hongrie des sublimes Puskas et Czibor. Menée 2-0, l'Allemagne l'emporte 3-2. Revenue de tout, je vous dis. Parce qu'il y a toujours un moment, dira Wolfgang Dremmler dans le merveilleux film d'Emilio Maillé, *Un 8 juillet à Séville*, où les joueurs se souviennent qu'ils doivent se mettre à jouer comme des Allemands. Et alors, on entendra les cornes de brume dans le dos de Rummenigge et Littbarski. On verra des joueurs jeter au loin des protège-tibias devenus insupportables. Des types au cou de taureau se taperont dans les mains. Et tout recommencera. Comme en 1970, lorsque, enfant, je ne peux m'empêcher de tourner la tête vers le poste de télévision dont l'image est quelque peu brouillée – ce sont les premières grandes retransmissions en direct – par la distance mexicaine, et le jour qui passe à travers le neuvième étage de mon HLM. On dirait que c'est hier après-midi. Nous sommes à table, en famille, à l'heure du déjeuner. Je tourne la tête. J'oublie mon assiette car j'aperçois un joueur chauve qui reprend en arrière un ballon de la tête. C'est un Allemand. Il s'appelle Uwe Seeler. Je me rappelle très bien. Tournant complètement le dos à la cage anglaise, cet homme trapu, chauve, vient d'égaliser pour l'Allemagne à la quatre-vingt-unième minute de la partie. Seeler s'enfonce dans ma mémoire comme la barque plate du pêcheur entre les roseaux de la rivière. Voilà. C'est fait. Tout recommence toujours avec l'Allemagne. Ils étaient menés 1-0 à la mi-temps, puis 2-0, et voilà qu'ils reviennent au score. En définitive, ils l'emporteront 3-2 contre l'Angleterre championne du monde en titre. Ils referont le coup, chez eux cette fois, en finale, contre la Hollande de Neeskens et Cruyff. Berne 1954. Mexico 1970. Munich 1974. Séville 1982.

Le même opéra qui recommence. La même peur qui ne va plus tarder à s'installer. Et le temps de pleurer une dernière fois, vous n'aurez plus qu'à refermer le livre. Le livre de Séville.

Alors reprenons :

Les traces d'une polémique tout d'abord. Après la défaite contre l'Angleterre à Bilbao, ça souffle dans les bronches bleues. Même le placide Fernand Sastre, président de la Fédération française de football, n'est pas content. Dans le hall de l'hôtel *Montico*, il le fait discrètement savoir à Alain Giresse.

Jean-Luc Ettori est sur un siège éjectable. Ça le distrait, lui qui n'a jamais été très à l'aise dans les airs. Jean Tigana boude. La bouderie, c'est un refrain qu'il affectionne depuis longtemps le Jeannot. Quatre ans plus tard, à la veille de partir pour le Mexique et la gloire de Guadalajara, il avait filé à l'anglaise. Ni vu ni connu. Grosse panique parmi les dirigeants de l'équipe de France. Le Jeannot, il n'était pas content qu'une affiche publicitaire utilise son nom. « On se fout de notre gueule », avait-il lancé. Il avait abandonné tout le monde entre la poire et le fromage, au Lido. L'intendant de l'équipe de France, privé de sommeil, avait enquêté une partie de la nuit. Le lendemain matin heureusement, Jean Tigana était à Roissy. Rarement content donc. Avant Séville, il a joué un gros quart d'heure contre l'Angleterre. Un bout de match de seize minutes. L'histoire des Bleus retiendra qu'à Bilbao il croise pour la dernière fois de sa carrière la silhouette massive de Jean-François Larios. Jean Tigana boude. On le comprend car dans un premier temps il n'est pas invité à la fête du milieu de terrain. Cette fiesta tricolore que même le Brésil nous envie. Son premier bristol, Tigana le reçoit pour affronter l'Autriche. Michel Platini s'est blessé contre la Tchécoslovaquie. Quant à Christian Lopez, il s'est déjà renseigné sur les horaires d'avion. Ignoré par Hidalgo, il voudrait tout simplement rentrer en

France. Pauvre Christian : il rentrera, mais ce sera dans la panique et la douleur, à la cinquante-septième minute du match, col remonté, observant la civière qui emporte son camarade, Patrick Battiston.

Oui, j'ai du mal à imaginer la scène.

Elle fait partie des trésors de guerre de Séville. Je ne suis pas à Séville. Je suis à Épinay-sur-Orge. Avec mes copains Bernard, Bruno et ma fiancée de l'époque, Dominique. On nous a prêté cet appartement, dans une jolie résidence qui ne va plus tarder à péter le feu. On boit beaucoup. Je me rappelle qu'à la mi-temps, je suis allé chercher du ravitaillement chez le Tunisien du coin, toujours ouvert bien au-delà de 22 heures. Quelques paquets de chips. Un morceau de saucisson. Du vin. Je sentais qu'on en aurait besoin. On s'est remis à picoler. Joyeusement. La France avait égalisé. Fallait fêter ça dignement, d'autant qu'on avait nettement l'impression qu'il ne faudrait pas grand-chose pour que ce France-Allemagne parte dans les nuages. Certaines cavalcades nous avaient déjà refilé une fièvre de cheval. Ça sentait le tube de l'été. Même à Beyrouth, sous les bombes qui tombaient comme à Gravelotte, les journalistes restaient scotchés au match. Les combattants palestiniens avaient pris fait et cause pour l'équipe de France. À l'ouest de la capitale libanaise, pour peu que l'on disposât d'un groupe électrogène, la télé était allumée. La guerre s'arrêtait. C'était un étrange spectacle. On apercevait dans de petites échoppes ouvertes sur la rue des grappes de soldats autour d'un écran de télévision ruiné par la poussière. La France égalisa et ce furent des rafales de kalachnikovs qui partirent dans la nuit. Beyrouth, sous les bombes, et c'est le foot qui vous envoie aux abris ! Un comble...

Cette scène donc. Je n'y crois pas. Pourtant, elle a bien dû exister. On me l'a racontée.

J'ai laissé le canapé depuis près de vingt-cinq ans. Au coup de sifflet final, ça devait être pour moi, presque une question de vie ou de mort. J'ai voulu vivre. J'ai cessé de pleurer. L'idéal, c'était de me faire embaucher par une grande radio. Un journal, ou une quelconque télévision. J'ai choisi la radio. Ils ont bien voulu de moi. C'était gagné. Je savais bien qu'un jour ou l'autre mes pas se régleraient sur les pas des anciens de Séville.

Le joueur a frappé avant d'entrer.

C'était juste après la catastrophe de Bilbao.

Le soleil avait tapé fort sur les organismes. Battiston soignait un début d'insolation. Dans les vestiaires, à la mi-temps, il était en nage et grelottait de tous ses membres. Mais le soleil, à côté de la ruade de Schumacher, ça n'était pas grand-chose. Patrick Battiston, le copain de toujours. Le Lorrain qui avait débarqué à Saint-Étienne. Pour comprendre les relations qui unissent déjà – bien avant l'accident de la cinquante-septième minute – Battiston et Platini, il faut se souvenir de ce qu'écrivait Jean Hatzfeld, dans *Libération* : « On appelle le premier Baptiste et l'autre "la Platine". Devinez déjà tout ce qui les

sépare — le premier est Messin, l'autre Nancéien —,
vous devinez ce qui les rapproche. »

Patrick est assis sur une chaise.

Il est à côté de son copain de chambre et futur
capocanoniere. Michel Platini est allongé sur le lit.
Un somptueux baldaquin, comme seuls les Espa-
gnols sont capables de nous les offrir ! Ça ne va pas
fort. Platini a le visage glabre et préoccupé du chef
de campagne dont les soldats ne donnent pas satis-
faction. Comme souvent, un nuage de fumée envi-
ronne le visage de la star. Platini tire, nerveusement,
sur une Marlboro. Pour ce geste aussi, le joueur m'a
toujours fasciné. Il fut même un temps où les plus
grands meneurs de jeu faisaient carrément de la
publicité pour les Gauloises. J'ai toujours un merveilleux poster de Raymond Kopa vantant les mérites
de la Gauloise bleue ! On imagine Zidane ou Barthez
la clope vissée à la commissure des lèvres. Les temps
ont changé. Maintenant, c'est pour la bouffe améri-
caine pleine de cholestérol que le gardien de l'équipe
de France se met en quatre. Drôle d'époque. Cigarettes, scotch, petites pépées, ou Mc Do ?

Une certitude : chez les plus grands — toutes dis-
ciplines confondues — chacun fait bien comme il
voudra. Avant d'avaler les cols, Jacques Anquetil ava-
lait du caviar et du champagne. J'ai su bien plus tard
que l'idole de mon enfance, Georges Best, a souvent
joué bourré, saoul comme un Polonais. Je comprends
mieux pourquoi le feu follet de Manchester United
chaloupait dans les défenses adverses. Je l'ai croisé,

un soir de gala, dans les coursives du Parc : mon prince d'Old Trafford s'était transformé en Michel Simon, errant sur le pont de *L'Atalante,* le film de Jean Vigo ! Le champagne, Nestor Combin, immense attaquant de la fin des années soixante, le buvait au goulot sous les douches. Avant le coup d'envoi. On n'a jamais fait plus chic ni décontracté. J'aime Nestor Combin – une gueule à la Carlos Monzon des meilleures années – et, d'ailleurs, il a terminé sa carrière à Saint-Ouen. Presque chez moi. Dans les maisons basses de la rue Eugène-Lumeau ou de l'avenue Gabriel-Péri, on en parle encore.

Platini, c'est juste une cigarette.

Ce soir-là, il dévore ses Marlboro pour oublier que ça n'a pas fonctionné contre les Anglais. Un joueur a poussé la porte. Il ne la refermera que s'il est persuadé que son capitaine a retrouvé le moral. Il est temps de réagir. Michel Platini est à cran. Seul le terrain peut lui permettre d'oublier une blessure profonde. Depuis quelques mois en effet, c'est la guerre avec son partenaire sous les couleurs de l'AS Saint-Étienne, Jean-François Larios. En fin de saison, les relations entre les deux hommes se sont dégradées. Les guerres froides, c'est terrible. Plus un regard. Pas un mot. Ils se croisent, comme des zombies, à la fin de chaque entraînement.

Trois semaines avant le début de la Coupe du monde, Jeff a craqué. Il a préféré s'entretenir avec le sélectionneur Michel Hidalgo. Jean-François Larios a fait le déplacement jusqu'au domicile du patron des Bleus, qui l'a reçu, à Saint-Savin, près de Bordeaux. Histoire d'hommes. Une crise qui révèle aussi le courage et la dignité de deux personnages du football français des années quatre-vingt. Michel Hidalgo est effondré.

On raconte qu'à Manchester le blanc Teddy Sheringam et le noir Andy Cole ne s'adressaient jamais la parole en dehors du terrain. Mais sur le gazon d'Old Trafford, c'était but sur but. Ensemble. Fascinant. Dans son remarquable *Platini, le roman d'un joueur*, Jean-Philippe Leclaire observe que, « à l'entraînement, seuls les observateurs les plus attentifs remarquent un étrange ballet. À la fin de chaque séance, Jean-François Larios quitte toujours le terrain avant les autres joueurs. Le temps que ses coéquipiers regagnent à leur tour le vestiaire et le grand Jeff est déjà parti. Même chose les jours de match : Jean-François Larios ne traîne jamais longtemps sous la douche. Il est le premier habillé et le premier à quitter le stade, évitant ainsi au maximum le risque de conflit. » Oui, fascinant.

Dans l'adversité, les chagrins, la passion, Platini et Larios chevauchaient ensemble sous le même maillot du Forez. Dans mon souvenir, Larios, cheveux au vent, cuirasse indestructible, avait des allures d'homme à cheval en partance vers sa propre déchéance. Platini serait toujours un chef d'orchestre capable de balancer son regard périphérique. Dans le printemps de Saint-Savin-de-Blaye, Jean-François posa sa tête sur le billot d'Hidalgo. Le sélectionneur refusa de jouer les bourreaux. De son côté, Michel Platini n'avait jamais varié : « Pas question de profiter d'une querelle pour casser la carrière d'un joueur qui mérite d'être sélectionné. »

Mais si le terrain ne va plus, alors rien ne va.

Contre l'Angleterre, Michel Hidalgo avait imaginé que les costauds du groupe tiendraient le choc. Les costauds ont pris le soleil en pleine poire et se sont liquéfiés. Même Marius n'y était pas vraiment. Michel Hidalgo n'a rien lâché. Il a tout de suite rassuré son joueur, lui proposant de lui placer à ses côtés la petite perle noire de l'AS Saint-Étienne ; un garçon à qui personne ne la fait en défense centrale : Gérard Janvion, le copain des îles. Cette fois, les DOM-TOM fermeront la boutique. Marius pour la Guadeloupe. Janvion pour la Martinique. Jusqu'au bout de la nuit de Séville. Plus personne ne pourra les séparer.

Alors, dans cette chambre où Michel Platini est au bord des larmes, c'est un autre football qui ne va plus tarder à prendre le pouvoir. Ce pouvoir qui paraît vaciller, il faut vite le reprendre et le transmettre cette fois pour l'éternité à celui qui en est seul le digne représentant sur la terre du football français : Michel Platini.

C'est toi, et personne d'autres, qui vas tenir la baraque. Sans toi, nous ne sommes plus rien. La France n'est plus rien. Bon Dieu, secoue-toi Michel ! Tu le sais bien. Notre jeu disparaîtrait à jamais. Tu dois nous faire confiance. Le patron, c'est toi. Laisse-nous faire le reste.

Le reste appartient à Séville.

Je constate simplement que le Stéphanois Jean-François Larios n'a plus jamais remis les pieds en équipe de France. Ça n'est pas compliqué. Il suffit de jeter un œil sur les livres d'histoire. Jean-François Larios se contente de faire du pédalo devant l'hôtel. À défaut de Coupe du monde, il soigne son bronzage. À la fin, on aurait très bien pu le confondre avec un chanteur andalou. Bronzage dehors. Poker dedans. Les cartes du terrain avaient été redistribuées en coulisse. Jeff ne serait plus jamais dans les seize, mis à part la petite gâterie du dernier match amical contre la Pologne. À défaut d'avoir les bonnes cartes sur le terrain, Larios s'en donna à cœur joie avec ses partenaires de table : Marius Trésor, Jean Tigana, Christian Lopez et le préparateur physique Alain de Martigny. On remercia les laboureurs pour services rendus à la France durant toutes ces années.

Sabre au clair, c'est au tour des maigres, des petits, des fluets de promettre le tournis aux futurs adversaires !

Maintenant, il me semble que tout s'éclaire. Quelques chevaux légers ouvrent leurs naseaux. Comme jamais. Ils battent l'écume à cent à l'heure. Incapables de compter leurs kilomètres au compteur. De la pure folie. Au passage, ils ont fait monter dans leur estafette, comme on ramasse un copain blessé après avoir fait sauter la banque, Jean Tigana, qui le méritait bien. C'est la revanche éblouissante des musiciens de jazz, contre les chanteurs d'opéra. Miles Davis et John Coltrane réunis, face à Gustav Mahler pleurant la mort de sa jeune fille. Quand il court vers le but ou revient vers son camp, Jean Tigana est incroyable : on dirait un jeune trompettiste essoufflé tant il vient de distribuer toutes ses notes bleues autour de lui. Il court, gonfle ses joues, s'engueule avec Platini, repart. Coltrane contre Mahler je vous dis.

Un beau mélange n'est-ce pas ?

Maintenant, la chambre trouble de l'hôtel *Montico*, près de Valladolid, s'est éloignée. Les voix de la radio s'en donnent à cœur joie. Pierre Loctin et Jacques Vendroux sur France Inter. Fernand Choisel et Saccomano sur Europe 1. Ils matraquent le tube de Séville 82 : récupération Genghini... Giresse... Tigana... Platini... Platini toujours... Platini encore...

Un carré se lève, dont les coins auraient sans doute accentué la folie du peintre Nicolas de Staël. Avant de se jeter dans le vide, Staël avait expliqué à quel point le fait de ne pas pouvoir coucher sur la toile le mouvement complet des footballeurs le rendait malheureux. Sincèrement épris de ce jeu, il s'est tout de même efforcé de peindre l'essentiel du match France-Suède, en 1952, au Parc des Princes. Après, le beau Nicolas se fout en l'air. Nous verrons un peu plus loin que ce mouvement, cette grâce portaient sans doute en germe l'amorce d'un effroyable naufrage. En attendant, sur les bancs d'un vestiaire qui n'a plus jamais changé depuis toutes ces années, quelque chose existe, qui a un rapport direct avec la plénitude et le bonheur fou d'être ensemble. Jamais plus en effet ils ne se retrouveraient ensemble, à ce moment précis d'une demi-finale de Coupe du monde. Plus jamais. Aimant leur flamme au point d'en devenir les aliments, ils ne pouvaient imaginer un instant qu'« un jour viendrait couleur d'orange ». Un jour prochain où tout ce qu'ils avaient commencé à bâtir sur le terrain finirait par s'imposer en 1984, puis en 1998 au Stade de France. Certes. Mais avec mes potes d'Épinay-sur-Orge, c'était tout et tout de suite que nous voulions pour la bande à Platini !

C'est la mi-temps à Séville.

Aujourd'hui est un jour de fête. Mon copain du journal *Libération*, Dino Dimeo, me fait parvenir en effet la copie d'une rencontre tout à fait unique : Marguerite Duras avec Michel Platini. C'était en 1987, quelques semaines après la parution du livre de Platini : *Ma vie comme un match*. Quelle classe ! Le meilleur joueur du monde avec l'auteur d'*Hiroshima, mon amour*, de *L'Amant* ou d'*India Song* ! Oui, forcément, on peut toujours relever quelques coquetteries ici ou là, mais dans l'ensemble, c'est superbe. Il y a de la tenue. Métaphore absolue. La rencontre du parapluie et d'une machine à coudre sur une table de vivisection.

1987... Duras-Platini. Les émissions people, machines à broyer de la pensée, n'avaient pas encore débarqué. Que je sache, je n'ai jamais vu le cinéaste Jean-Luc Godard se commettre avec le genre d'abruti qui n'hésita pas, pour faire rire, à confondre les colonies de vacances avec Auschwitz. Pauvre télé...

Dans cet entretien daté du 15 décembre 1987, Marguerite Duras fait remarquer au joueur que la solitude, malgré tout, est présente pour tout le monde. Réponse de Michel Platini : « En fin de compte ils m'ont aidé aussi à devenir ce que je suis devenu. Ils m'auraient lâché, c'est sûr, moi, vous savez, je peux m'engager au but, le mec qui a le ballon c'est lui qui est le patron du terrain. Un type comme Giresse par exemple, si Giresse était antipathique, à la place de me lancer au but, il aurait pu dire : "Bon, ben je donne là", et j'aurais pas marqué tous les buts que j'ai marqués. Ça peut exister aussi, hein. Ça peut exister. »

Mais Gigi est un type sympa...

Il est surtout devenu la doublure idéale, quand Mozart est blessé. Et puis, cette malice que tous les petits n'ont pas...

De tous les anciens de Séville, il me semble que Gigi est le plus marqué. Le visage est creusé. Les cernes semblent parfois prolonger une fatigue qui ne s'est jamais apaisée après Séville. Tous ont la parole facile lorsqu'on évoque le passé perdu de Juan Piziuan. Alain Giresse, c'est encore autre chose. Séville est une flèche qui continue, année après année, à crever le cœur du soliste girondin. Il s'était répété, jour après jour, qu'il avait une chance unique de disputer cette Coupe du monde, huit ans déjà après une première apparition en équipe de France.

Plutôt que de porter le ballon, il en faisait un paquet cadeau à destination de ses partenaires. Alain Giresse était l'un de ces rares créateurs qui savent bien que la balle roule toujours plus vite que son homme. Et quand il fut, parfois, question de ne compter que sur sa petite personne, alors Giresse improvisa des lobes et quelques surprises. C'était sa façon de s'élever au-dessus des contraintes de la taille.

Gigi se charge de tirer le premier coup franc intéressant de la partie. Bernard Genghini venait tout juste d'avoir quelques mots avec Manfred Kaltz qui n'arrêtait plus de lui marcher sur les chevilles. Sur le coup, Bernard faillit donner une gifle à ce joueur qui ne manquait pas d'allure. On aurait dit le Christ affamé, juste avant d'être placé sur la Croix. Kaltz était d'humeur maussade. La demande pressante formulée par Michel Platini auprès de Didier Six avait été respectée : « Tu te débrouilles comme tu voudras Didier, lui avait dit le chef, mais l'horizon de Kaltz doit être complètement bouché sur son côté gauche. C'est ce soir ou jamais que tu dois te sacrifier. »

Didier avait toujours cette fâcheuse tendance à se jeter dans les pieds de ses adversaires, mais, dans l'ensemble, ça fonctionnait bien. Manfred Kaltz tournait en rond, comme un berger allemand gratte la terre pour baliser son territoire. Et il avait beau chercher ses copains Pier Littbarski, Klaus Fischer, ou Magath de l'autre côté, dans le couloir droit, il ne parvenait que très rarement à les alimenter en ballon.

Ce fut le premier « extérieur du pied droit » d'Alain Giresse. Un autre viendrait plus tard, qui n'allait pas manquer de réunir dans un même cri de démence tout ce que la France comptait encore de prolos et de bourgeois. Intellectuels et manuels. Vieillards et enfants. Artistes et fainéants. Les politiques sursautèrent. Cette fois, Helmut Schmidt, le chancelier allemand, réclamerait une télévision. En urgence !

Ce premier coup de patte était à destination de Platini. Il avait fait l'appel dans la défense allemande. C'était une demi-finale de Coupe du monde et ils jouaient comme des gamins dans la cour de récréation. Les cheveux noirs un peu bouclés, Michel Platini nous rappela brusquement qu'il était aussi un remarquable joueur de tennis ballon. Souvent, Michel avait expliqué que seule l'anticipation, la ruse, pouvait compenser une condition physique peut-être moins puissante que celle de ses adversaires.

Déviation vers Rocheteau. Depuis le début du match, Dominique semblait encalminé dans les pinces de la défense allemande. Depuis toujours, à Saint-Étienne comme au Paris-Saint-Germain ou à Toulouse, Rocheteau est un joueur qui affole, sprint, fixe ses adversaires. Au rugby, on a longtemps parlé de cadrage débordement...

Sur le coup, Bernd Förster, le défenseur allemand, ne s'est pas gêné. Il glisse son bras gauche tout autour de la taille de Dominique et parvient à mettre ce ballon en corner.

Penalty !

Dominique Rocheteau n'est pas encore relevé qu'en arrière-plan j'aperçois déjà le bras tendu de Michel Platini. Le ballon, tout de suite. C'est le premier sourire de Séville. Le retour à la vie de celui qui n'y croyait plus après la défaite contre l'Angleterre. Michel Platini va livrer ce soir l'un des plus grands matchs de sa carrière. Le plus sombre aussi. Le plus délirant. Certes, il y en aura d'autres. Viendront d'autres titres. D'autres récompenses. En Italie notamment. Mais il suffit encore aujourd'hui d'entendre Michel Platini pour mesurer à quel point Séville est un moment différent, inoubliable dans la carrière du joueur.

« On a tout eu, dit-il à Philippe Labro, dix ans plus tard. L'espoir. Le regard des copains dans les vestiaires, avec cette fraternité et cette solidarité qui ne s'expriment pas en parole. »

C'est le temps de l'espoir.

Un espoir fou, au terme de cette première mi-temps. Michel Platini a pris le ballon, comme s'il n'avait plus dîné depuis huit jours. Il l'a embrassé. C'était le premier face-à-face avec Schumacher. Une affaire tranquille. Foulées basses. Plat du pied sur la droite de Tony. Le gardien allemand est parti de l'autre côté. La France égalise : 1-1. Séville vient de commencer.

Séville débute dans l'allégresse de cette égalisation. Maintenant, les Bleus vont se donner rendez-vous, bien au-delà du jeu, des championnats, calculs de vestiaire, tableaux noirs et nuits d'insomnie. Ils ne se chercheront plus jamais. Ils se trouvent. Et plus jamais ils ne se retrouveront de cette façon. Comme des boules de flipper qui se croisent, s'évitent et débarquent à l'improviste dans le dos des adversaires. Séville nous donne à voir cette folle passion de Michel Platini pour ce ballon qui le dévore. C'est une telle passion que le capitaine est souvent en mesure de la vivre à distance. Et, lorsqu'il balance, totalement vrillée de l'intérieur du pied droit, une trajectoire de plus de cinquante mètre, en direction de Didier Six, tout s'éclaire. Comme un pilote de formule 1 est contraint, un jour ou l'autre, d'abandonner le baquet, comme les descendeurs finissent par ne plus pouvoir dégueuler de plaisir dans la pente vertigineuse de Kietzbuhel, Wengen ou Chamonix, Platini, homme de vitesse et de trajectoire, finira par épouser le golf.

Les Bleus, c'était donc le flipper !

Et les Allemands, le billard. Ces queues de billard capables de tracer des trajectoires qui font mal. Longues courses de Briegel, Magath, Breitner, Kaltz. En finir aussi avec cette bêtise : « Les Allemands ne méritaient pas de l'emporter... »

Une bêtise en effet, car il suffit de revoir Séville 82 pour s'apercevoir que la légèreté du jeu de l'équipe de France finira par inonder les pieds de ses adversaires. Une transfusion en direct.

Qu'on le veuille ou non, les Allemands ne voudront pas mourir. Ils ne se contenteront pas de faire briller le parquet sur des requiems qui vous tirent les larmes. Ils sortiront, eux aussi, la belle panoplie des talonnades, renversements insensés du jeu, jusqu'à ce retourné final de Klaus Fischer qui nous donne encore, vingt-cinq ans après son déclenchement dans la chaleur andalouse, la nausée...

Séville 82 est inséparable de sa retransmission télévisée. Mais je n'oublie pas les directs de la radio. Des voix mettent en branle certaines émotions que seul le sport est capable de transmettre. Hélas, avec la multiplication des chaînes de télévision et le spectacle mondial qui nous entoure, la magie radiophonique a perdu de son éclat. Il fut un temps en effet où les reporters de sport n'avaient pas besoin de vociférer pour nous convaincre que quelque chose de rare se réalisait en notre absence. Ils auront beau faire, ces guignols au garde-à-vous des marchands de soupe, tous les événements de sport ne se valent pas. Alors je baisse le son. Longtemps, la voix de Fernand Choisel et, plus tard, celle d'Eugène Saccomano m'ont accompagné dans mes soirées buissonnières. « L'image frappe d'arrêt de mort l'imaginaire », écrit Marguerite Duras. La radio l'amplifie. Très tard dans la soirée du 6 novembre 1974, j'ai planqué dans mon lit les voix qui me disaient que l'AS Saint-Étienne venait d'arracher la qualification aux dépens de Split. J'avais quinze ans. Les Verts venaient de l'emporter sous mes couvertures 5-1 après prolongations.

Ces voix étaient cassées. Lointaines. Je sentais confusément qu'elles ne cesseraient plus jamais de m'accompagner. Elles traversaient mon champ de bataille, comme ces musiques dont le tempo a l'insolence d'accompagner les soldats vers un destin fragile. D'ailleurs, les voix, c'est ce qui nous reste quand nous avons tout perdu. Avec le temps, seuls le regard et la voix nous permettent bien souvent de reconnaître d'anciennes connaissances. Je suis convaincu que Séville devait être une souffrance solitaire pour celui ou celle qui n'avait que la radio. L'imaginaire s'emballait. Les débordements étaient prévisibles. Impossible en effet de communiquer sa joie ou sa peine. Un ami d'enfance, peintre, s'était réfugié avec prétention dans son minuscule atelier le soir du match. Une pièce mansardée du côté de la Porte de Vincennes. Persuadé sans doute que cette demi-finale n'aurait que peu de conséquences sur sa tranquillité. C'est l'inverse qui se produisit. Les téléphones portables n'existaient pas. Alain multiplia donc les coups de fil sur l'unique appareil de la maison. Il était angoissé. Bien des années plus tard, Alain, beau joueur, reconnut que ce match, suivi à la radio comme l'aveugle tarde à retrouver son chemin, lui avait laissé un affreux cafard. Il suffisait que j'évoque

Séville dans une conversation assez banale pour que mon interlocuteur – fille ou garçon – se mette à crier cette phrase définitive : « Séville 82, je me souviens exactement où je me trouvais... »

Après le tir victorieux de Michel Platini, les congratulations ont été brèves. On était loin de ces grappes humaines qui n'allaient plus tarder à s'improviser. Le capitaine des Bleus avait fait le boulot. « Il a montré qu'il avait de l'estomac », cria Jean-Michel Larqué dans notre téléviseur.

Platini repartait maintenant avec ses soldats, persuadé que la bataille ne faisait que commencer.

Il y eut très peu d'échanges sur les quatre bancs qui ornaient le vestiaire. Marius et Maxime étaient assis côte à côte. À deux pas de l'entrée. Michel Platini n'était pas loin. En face, sur l'autre banc posé contre le mur de séparation des douches, Dominique Rocheteau, Didier Six et Alain Giresse récupéraient, calmement. Beaucoup plus tard dans la soirée, vers 23 h 30, ce vestiaire ressemblerait à un paquebot qui plonge dans la nuit.

Pour l'instant, il y avait de quoi être satisfait. Les Bleus n'étaient pas ces joueurs fragiles dont Rummenigge et Beckenbauer s'étaient moqués dans les journaux. Oui, tout était en place. Les lumières de Séville 82 pouvaient maintenant s'allumer.

Près de vingt-cinq ans ont passé. Certains joueurs sont capables d'évoquer, les yeux fermés, une action précise dans le jeu. Alain Giresse que je retrouve sous la pluie, du côté de la Porte Maillot à Paris, est formel : il avait bien l'intention de lober Shumacher au début de la première mi-temps. Par quel miracle un footballeur est-il capable de se rappeler, bien des années plus tard, le départ d'une action, ou ce geste qui semble s'inscrire au ralenti dans le déroulement des années ?

Gigi me raconte Séville.

Avant de reprendre un avion à destination de la Géorgie dont il est devenu le sélectionneur, il enclenche la machine à remonter le temps. Un rapide calcul donne le tournis : la durée moyenne d'un footballeur professionnel se situe autour d'une quinzaine d'années. À raison d'une cinquantaine de matches par saison, le joueur totalise près de huit mille rencontres pendant son activité. Pour un footballeur de la stature d'un Giresse, on arrive au chiffre de près de cent mille gestes à retenir ! On peut penser que la mémoire fait un premier tri, en fonction de l'importance des compétitions. Tout de même. Le disque dur des footballeurs est un mystère. Chaque geste est unique. Pas un but qui ne soit différent de tous les autres. Pourtant, ce jour d'hiver 2005, dans l'indifférence d'un bar du *Concorde La Fayette*, Gigi n'eut aucune difficulté à se souvenir de l'une des plus belles attaques de l'équipe de France. C'était juste avant la mi-temps. Le genre d'attaque qui lui laissait les yeux dans le vague, avant d'attaquer la suite de la rencontre. Ensuite, ce serait un mélange de folie et de cruauté.

« Tout est parti d'une remise en jeu de Magath, me dit-il. J'étais revenu défendre. Le ballon est contré par Max, puis dégagé dans les airs par Manuel... J'effectue au milieu d'une forêt de joueurs un bel amorti. Ballon collé au pied gauche. Ensuite, j'ai l'impression d'avoir déclenché une chevauchée fantastique ! »

Toutes ces années n'avaient rien changé à l'allure de cette dernière attaque française. J'ai senti que Gigi était heureux que je lui raconte la suite. Il devait se sentir moins seul avec tous ses souvenirs.

Bernard Genghini avait tout de suite donné le ballon à Six...

Six avait ignoré l'intermédiaire Platini, toujours affamé, dont le regard exprimait comme une amorce de mécontentement. Il n'allait pas tarder à se rattraper !

Six, comme un cavalier fou, adressa de l'extérieur du pied gauche un ballon tendu et puissant à Dominique Rocheteau, sur son aile.

Des images me revenaient en plein cœur. Rocheteau, sur la gauche – contre les Glasgow Rangers – qui fixe, déborde et marque ! À Séville, les Français inventaient une forme particulière de handball ! C'était toujours des actions avec un ballon qui finissait par tourner, comme un manège tourne avec les enfants qui ne se lassent jamais d'attraper le regard de la maman qui surveille.

Il y a des types qui n'aiment rien tant que de frayer dans des no man's land remplis de pièges et de voyous. Eux, ils passaient leur temps à sentir l'odeur de la zone. Une fois le nez collé au *Blitz*, il fallait bien tourner autour des frères Forster, du moustachu Stielike, du déménageur Briegel, et tourner encore. Trouver des solutions. Inventer des miracles. Rocheteau n'en finissait plus d'avancer dans un corps à corps invisible avec Bernd Förster. À la fin, il se retourna, envoyant le ballon vers Michel Platini qui déboulait dans son dos. La frappe de Michel était belle et enroulée. Ballon travaillé dans la nuit. Un rien, quelques centimètres, l'avait empêché de se loger dans la lucarne gauche de Schumacher.

C'était très différent avec Maxime Bossis.

Même avec plusieurs bons verres de muscadet, le grand Max ne parvient pas à se souvenir de ces dribbles éblouissants qu'il effectuait au milieu des attaquants allemands. À un moment, Max baisse le regard et concède que pour la première fois – et la dernière – de sa carrière, il fut incapable, le 8 juillet 1982, de conserver son sang-froid.

Oui, c'est la mi-temps.

Didier Six n'a toujours pas digéré l'agression dont il vient d'être victime. Alerté par un bon ballon de Rocheteau, il s'est retrouvé les quatre fers en l'air, pilé comme de la glace par Schumacher et son fidèle chien de garde, Hans Peter Briegel. Didier n'en est pas encore revenu : Tony le coince de tout son poids avec le genou. Briegel en remet une couche, et c'est lui qu'on engueule ! Michel Platini est allé voir le gardien allemand. Il lui a demandé de se calmer. Quelques instants plus tôt, Schumacher a balancé une remarquable béquille sur la cuisse douloureuse du capitaine des Bleus.

Patrick Battiston n'est pas fou. Il a tout vu sur le banc. Et puisque Michel Hidalgo lui confirme maintenant qu'il doit se préparer à remplacer Genghini, il prévient l'un de ses copains : « Ce gardien allemand, je l'ai bien observé depuis tout à l'heure. Il me semble particulièrement excité. Je crois qu'il serait plus raisonnable de ne pas aller le chercher ! »

22 heures. À peine.

Nous avons rempli nos verres. En même temps, nous avons fait honneur au ravitaillement. Un saucisson, ça n'est pas grand-chose quand on a vingt ans. L'omelette était déjà loin. C'est fou ce qu'on peut boire et manger à cet âge-là. Tranquilles. Sans prendre de gras.

Quelque chose de nouveau flottait dans l'air de ce France-Allemagne. Ce fut le premier coup de fil de mon copain, Alain, qui commençait à vouloir partager ce match, l'oreille vissée à sa radio. Il faisait chaud à Séville. La nuit était douce et claire en région parisienne. Nous en avons profité pour fumer quelques cigarettes dans le jardin.

À ce moment du récit, au fil de mes souvenirs, tandis que Séville va maintenant basculer vers une sorte de démence collective, il me semble qu'un personnage résumait assez bien l'état psychologique et social dans lequel nous nous trouvions : « Ils auraient voulu que leur histoire soit l'histoire du bonheur ; elle n'était, trop souvent, que celle d'un bonheur menacé. Ils étaient encore jeunes, mais le temps passait vite. » Georges Perec meurt quelques semaines avant Séville. Il me semble qu'avec ma bande d'Épinay, nous avions quelques points communs avec cette jeunesse un peu perdue des *Choses*. Avant de s'effondrer, comme s'effondrent bien souvent les amitiés de jeunesse, nous avions encore la force de nous retrouver ensemble autour d'un film, quelques manifestations, des voyages. Je m'aperçois aussi – maintenant que la seconde mi-temps ne va plus tarder à être sifflée – d'un détail douloureux. Avec mes copains, nous nous sommes perdus de vue. Nous nous étions promis, dans des aubes blafardes, de ne jamais nous séparer. Nous avions tort. La vie finit toujours par séparer toute jeunesse. Mais si aujourd'hui, par un quelconque hasard, la question était posée à mes copains Bernard, Alain, Bruno, Dominique, de savoir ce qu'ils faisaient au moment où le coup d'envoi de la seconde mi-temps était donné, ils répondraient sans hésiter : « Nous étions ensemble. »

L'odeur de la mort

Si vraiment ça peut lui faire plaisir,
je lui paierai ses frais de dentiste.
Harald SCHUMACHER, 8 juillet 1982.

L'indifférence de mon grand-père à l'égard du football ! – parfois même un léger mépris dans son haussement d'épaule – me chagrinait.

Dans la famille, seul mon père, professeur de gymnastique, éprouvait du plaisir à suivre un événement de sport. Je dois ajouter : sans excès ! Ce détachement s'expliquait facilement. L'ancien résistant communiste, revenu mort vivant de Dachau et Mathausen, le compagnon de Guy Môquet à Châteaubriant, avait d'autres chats à fouetter que de s'enthousiasmer pour cette nouvelle bataille franco-allemande.

Disons que les choses sérieuses étaient dans son dos. Pierre accepta avec difficulté de retourner en Autriche afin de témoigner contre ses anciens bourreaux. C'était au mois de novembre 1947. Cela lui coûta de devoir se déplacer à Klagenfurt, ville frontière avec la Yougoslavie de Tito. De l'Allemagne en revanche, il ne fallait pas trop lui parler. Jusqu'à sa mort, en 1993, Pierre ne voulut jamais y mettre les pieds. Alors le foot...

Le lendemain du match, sans doute victime des effluves du sidi brahim, j'avais fait le malin. Je comparais la demi-finale de la veille à certaines situations vécues quarante ans plus tôt. Été 1942. Grande rafle du vélodrome d'Hiver. Plusieurs milliers de Juifs sont arrêtés. Bien souvent dans leur sommeil. C'est la police française qui frappe aux portes des malheureux. On connaît la suite. Drancy, puis Auschwitz. Mes grands-parents étaient venus passer quelques jours à la maison.

La réponse, cinglante, de Pierre me dissuada d'insister sur ce terrain.

« J'espère que tu plaisantes, imbécile... »

Je n'insistai pas en effet.

Plus tard, au cours de l'une de ces fins de repas qu'il appréciait en tirant sur un ninas, le pince-sans-rire refit surface : « Tes excités du commentaire d'après-match, me dit-il, me font penser à ces types qui n'ont mis que quelques jours à passer de la milice française à la tondeuse sur le crâne de pauvres filles qui avaient couché ! Franchement, tout cela n'est pas très sérieux... »

Maintenant que débute la seconde mi-temps, je m'aperçois en effet que le terrain, avec les événements qui s'y déroulent, est seul responsable d'un nouveau fantasme de guerre entre l'Allemagne et la France. Fantasme réel, puisque dans quelques heures le président François Mitterrand et son homologue allemand Helmut Schmidt écriront ensemble un communiqué pour dédramatiser la situation. C'est le jeu, avec ses rebondissements, qui parviendra à transformer le supporter en nouveau va-t-en-guerre.

Toutefois, le réalisateur du film *Un 8 juillet à Séville*, Emilio Maillé, a raison lorsqu'il confie à Schumacher le rôle du méchant. Ce rôle est mis en boucle par les télévisions du monde entier. Et la propagande peut donc commencer. Elle va très vite légitimer la cruauté, presque la bestialité, de l'équipe d'Allemagne, tandis que les Bleus de France sont les dignes représentants des petites femmes de Paris, de la baguette et des Lumières. Descartes contre Wagner.

Quand il s'élance et percute avec l'épaule le visage de Patrick Battiston, Harald Schumacher n'imagine pas un instant qu'il va très vite enfiler l'uniforme du soldat SS. Une certitude : à mesure que le jeu perd de sa légèreté, gagne en puissance et en émotion, la France de la glose se lâche. Encore un effort, et j'entends les bruits de bottes du merveilleux *De Nuremberg à Nuremberg* de Frédéric Rossif.

Lettre de Francis Huster à Michel Platini, dans la nuit d'une défaite douloureuse pour tout le monde !

« Nom de Dieu, Michel, tu ne te rends pas compte ou quoi ? Ce pourquoi Cyrano, Molière, Jean Moulin en France, mais aussi dans le monde entier, des soldats, des médecins, des artistes, des sportifs, des inconnus sont morts : le panache. Contre la brute aveugle, contre la bêtise de la force, contre la masse de muscles sans faille, vous avez jailli avec votre poésie, votre imagination, votre intelligence, votre finesse, votre inspiration, et tu sais quoi, Michel, votre humilité. Nom de Dieu, Michel, cette camaraderie, cet esprit de sacrifice, cette cohésion, cet acharnement, ce courage, c'est cela le prodigieux cadeau que vous avez offert à des millions d'êtres. »

Sur ce coup-là pourtant, Gigi a manqué de courage. Il a suffi d'une balle en profondeur donnée par Michel Platini à Battiston pour que Giresse détourne le regard, puis s'éloigne. Il est écœuré par le spectacle. Alain Giresse se trouvait sur le côté droit de l'attaque française au moment du choc. Il a vu les yeux révulsés. La bave aux lèvres. Le poignet gauche crispé et ce visage, pris de convulsions. Il s'est écarté. C'était quelque chose d'insupportable. Autour de Patrick, toute la garde rapprochée : Dominique Rocheteau, Michel Platini, Didier Six et Max Bossis. À cet instant, le match changeait de nature. « Nous sommes devenus des bêtes, me dit Gigi. Je suis bien obligé de le reconnaître. C'était si violent que je me suis éloigné. Plus jamais je n'ai retrouvé sur un terrain cette cruauté dont nous avons fait preuve. Après ça, il fallait tout arrêter. Rentrer au vestiaire. Dire : ça suffit, on arrête, ça n'est plus du football. J'ai fait l'inverse. On a vraiment épousé la folie du jeu. La pure folie qui consiste même à laisser le copain partir vers l'hôpital. On pensait tous que c'était grave. Patrick avait brusquement l'allure d'un type sur le point de nous quitter. Un type qui va mourir. Mais on a joué, comme libérés. On était vraiment devenus des bêtes. »

La France et l'Allemagne étaient toujours à égalité un but partout.

Mais Séville vient de poser la première pierre de sa légende.

Avant le trou noir, Patrick Battiston était un homme heureux. Jamais il ne s'était senti aussi léger, ambitieux, sur un terrain de football. Juste avant l'accident, il avait même adressé un très bon tir, tendu, sur la droite du gardien de but allemand.

Lui aussi, j'ai voulu le revoir, après toutes ces années. Il m'a expliqué que « maintenant, tout doucement, certains souvenirs commençaient à remonter le fil de [sa] mémoire ». Qu'il avait voulu les chasser, tous, ces souvenirs. La cassette, jamais il ne l'a regardée. Avec le temps, il s'est apaisé. Il se rappelle maintenant que lorsque Michel Platini lui a offert ce ballon de grande classe, l'idée d'une catastrophe a brusquement traversé son esprit. Comme un éclair. Comme cet enfant qui traverse alors que le feu est vert. L'enfant, il est inconscient du danger. Il est tout seul à vouloir attraper ce ballon qui lui est destiné. C'est un immense cadeau ce ballon. Il faut vite le rattraper. C'était vraiment trop beau. Une insolation contre l'Angleterre. Manu qui lui prend sa place d'arrière droit. Un début de Coupe du monde vraiment maussade.

Et maintenant, il vole.

Lancé à l'aveugle sur le boulevard d'un triomphe annoncé. Il faut la voir cette balle de Platini. D'abord, la récupération de Bossis, au cordeau. Le long de la ligne de touche. Il croise Michel et lui donne ce ballon. L'autre, il faisait ça depuis toujours. C'était vraiment ce qu'il préférait dans le métier. Il avait aimé balancer ce genre de ballon qui prend tout le monde de vitesse. Dans le dos de la défense. Il savait bien, Aldo lui avait dit et répété enfant, que c'est la balle qui doit rouler. Qu'elle ira toujours plus vite que le plus rapide des footballeurs. Alors donne ta balle. Ne la porte pas. Donne-la. Cette petite musique, il la connaissait par cœur Michel Platini ! À Séville, Platini à sa manière se met à ressembler à Johan Cruyff, ou Di Stefano. Plus tard, bien après ses ailes de pigeon ou ses transversales diaboliques qui faisaient dire à Gianni Agnelli qu'il lui suffisait de regarder jouer son Michel pour être heureux, Marguerite Duras l'appellera « l'Ange bleu ». Même si l'allure du footballeur n'a aucun rapport avec la sublime Marlene Dietrich tirant sur son fume-cigarette dans le film de Joseph von Sternberg. La formule est d'une grande justesse.

Chef de la meute, mais détaché d'un ballon dont il devine l'entière fidélité – Platini l'embrasse toujours avant un tir au but – on dirait en effet qu'il danse. Une fois seulement, le ballon trahira le maître : à Guadalajara, le 21 juin 1986, lors de l'épreuve des tirs au but contre le Brésil de Zico et Socrates. Cette grâce un peu désinvolte, ces gestes de bouderie et cette façon de sauter avant les autres quand il faut prendre le ballon dans les airs lui donnent pour l'éternité de ce qui nous reste du joueur sur les films, la légèreté de ces anges potelés, perdus dans les plafonds de la Renaissance. Rien d'innocent dans le fait que Platini ensorcellera l'Italie. Les titres bien sûr. Les buts bien évidemment. Mais lorsque le grand patron Agnelli Ier, offrait une nouvelle Ferrari à son Michel, le geste pouvait en évoquer d'autres plus anciens. Le prince de Médicis déposant un sac d'or au pied de la maison du sculpteur florentin Cellini. La famille Strozzi se pâmant à Florence devant les dessins de Del Sarto !

Ce fut un éclair avant le choc. Patrick a pensé que tout cela n'était pas normal. Comme un type seul sur les Maréchaux à l'heure de la fermeture des boîtes de nuit. Une bricole allait certainement lui tomber dessus. Il fallait qu'il prenne ce ballon. Vite. Qu'il le touche, avant de disparaître à la maison. L'enfant vient d'apercevoir, trop tard, le bolide jaillissant. Ce bolide qui va le faucher.

Nos verres étaient vides. Il suffisait de les remplir. Il était presque 22 h 20 et je crois que nous avons été vulgaires. J'ai dû dire quelque chose comme : « Quel enculé ce mec... Regarde-le... Il bouge même pas... Quel taré... C'est pas possible... Regarde cette face de nazi... Putain... Ça va chier demain ! »

Tout cela était vraiment très exagéré. On devait certainement perdre les pédales, nous aussi, devant notre télévision. Mitterrand était au pouvoir depuis le 10 mai dernier. Il n'était même pas fichu de faire gagner la France contre l'Allemagne. Rien ne changeait. On était jeune. Le sens de la mesure viendrait plus tard. Après tout, ça n'était que du foot.

Le sidi brahim coulait à flots dans nos veines. Au même moment, Patrick coulait à pic dans le coma. Ça nous semblait injuste. Il a bien fallu griller quelques clopes. Respirer, le nez dans les troènes. Il y a toujours eu beaucoup de troènes, dans les banlieues. C'est un arbuste très résistant. Ça sent fort, les jours d'orage et de grande chaleur.

Je crois bien que c'est la civière qui nous a définitivement rapprochés de Platini. Jusqu'à présent, on l'aimait bien, sans plus. On adorait ses coups francs en feuille morte. Surtout quand ça permettait à l'équipe de France de se qualifier aux dépens de la Hollande, pour une phase finale de Coupe du monde. Au Parc des Princes, tribune Boulogne, on avait toujours l'impression que ses coups francs allaient nous tomber dessus. Tout allait si vite. On tendait les bras, prêt à récupérer le cuir, mais c'était chaque fois la même histoire avec « le macho de Lorraine » : le ballon allait mourir dans les filets. Tout ça pour dire qu'on était des petits merdeux d'intellos. On frimait. On avait trimballé Mitterrand au Panthéon. L'hymne à la joie et tout le tintouin... C'est comme si c'était hier... Je le revois avec sa rose, sous la pluie... C'était donc ça, la jouissance du pouvoir... Tous ces toutous derrière, prêts à plonger dans la gamelle... Lang et compagnie... J'avais réussi à me mettre au plus près des barrières... Avec le recul, pas de quoi être fier, franchement... Allende au Chili, ça avait une autre gueule. On préférait Rocheteau. La gauche liquidait la sidérurgie. Ça sentait la rigueur. Jacques Delors avait déjà balancé une note secrète au président : la relance économique était en panne. Fabius était prêt à débarquer. On commençait à compter les jours de Pierre Mauroy au poste de Premier ministre. Dommage, on l'aimait bien le gros rougeaud de Lille !

Je m'égare... Drôle d'époque tout de même... J'reviens à Platoche...

En douce, on avait donc tendance à se moquer du capitaine des Bleus. Au début, dans les interviews, il bousculait les mots les plus difficiles à prononcer. Des mots-valises, avec plein de surprises à l'intérieur. Cela nous semblait suspect. On aimait le foot, d'accord, mais après les filles, les livres et la politique.

Et puis, on a regardé cette civière qui envahissait l'écran du monde. Un passage de témoins. Dans la chambre enfumée, Battiston se tenait aux côtés de son copain des « cadets de Lorraine ». Ces deux types n'avaient jamais été très bavards. Ils s'étaient retrouvés tout naturellement ensemble à Saint-Étienne, comme en équipe de France. Dans la chambre, Patrick avait soutenu le moral de son capitaine. Maintenant, c'était au tour de Michel de se

pencher à son chevet. Sur la cassette, c'est impres-
sionnant. Michel Platini s'affole. Il court dans tous
les sens. Surtout, il craint pour la vie de son copain.
Là, brusquement, il prend une autre dimension.
C'est la force de l'image. Cette image va faire le tour
du monde. Certes, en 1982, il n'y a encore que trois
chaînes de télévision. La loi sur l'audiovisuel vient à
peine d'être votée. Ce sera bientôt l'explosion des
radios libres. Plus tard, Canal + et la Cinquième que
Lang refilera clef en main à Berlusconi. Mais cette
image qui mêle, en direct, devant plusieurs dizaines
de millions de téléspectateurs, douleur et compassion
de ces deux copains finira par s'imposer. C'est le
premier drame de Séville. « Non, ce n'est pas possible, tente de se persuader Platini, on ne peut pas
mourir comme ça sur un terrain de football... »

Bien sûr, c'était le capitaine. Mais ça n'était qu'un
jeu. Et la mort qui se met brutalement à rôder sur
un terrain de foot, c'est une chose tout à fait impossible à imaginer. Plus tard, le monde du sport finira
par banaliser toutes sortes de drames. Il y aura les
trente-neuf morts du Heysel. Les malheureux de
Sheffield. Quatre-vingt-seize supporters carbonisés
dans les tribunes de Hillsborough. Bastia-Furiani
1992. Des tribunes de pacotille. 18 morts. La mort
finira même par se poser sur les joueurs eux-mêmes.
« *Show must go on* », osera nous dire Sepp Blatter,
quelques instants après le décès du Camerounais
Marc Vivien Foé.

Les joueurs sont des rock stars. Des icônes que seuls les plus chanceux d'entre nous peuvent approcher.

Je conserve de mes quelques rencontres avec Zizou ce souvenir très fort : les supporters veulent toucher le héros, comme le fidèle de Bombay caresse la statuette de son dieu Ganesh, fils perdu de Chiva...

Au moment où deux policiers de la *guardia civile* emportent le corps inerte de Patrick Battiston hors des limites du terrain, nous sommes des millions à nous identifier au geste de Michel Platini.

Maurice Vrillac, le médecin de l'équipe de France, veille à ce que l'on déplace avec douceur le joueur blessé, de peur d'une fracture de la colonne vertébrale. Au chevet de Patrick, Michel Platini accompagne son copain, la main dans celle de cet ami qui ne répond plus. Battiste n'est plus qu'un pauvre pantin qu'un fou furieux vient de débrancher du réel.

« Ne t'inquiète pas mon pote... Je suis là... Ça va aller », souffle Michel, au bord des larmes, à l'oreille de son camarade. Le foot s'éloigne. L'homme blessé de l'hôtel *El Montico* accompagne maintenant son plus fidèle compagnon. Les deux joueurs qui traversent le terrain ressemblent à des soldats sans armes. « Maintenant, c'est la guerre », dira Marius Trésor qui ne va plus tarder à sortir la moissonneuse-batteuse sur les jambes de Manfred Kaltz. Le Christ allemand sera tout près en effet de monter sur la Croix. Trésor partira de très loin pour venir dégager un ballon dans les pieds de l'attaquant barbu.

Patrick, toujours étendu sur cette civière, plonge dans le brouillard et les coursives de Juan Piziuan. Les journalistes – français et allemands – sont abasourdis. Séville 82 prend des allures de drame antique. Jean-Yves Dhermain couvre le match avec Sacco et Choisel. À Séville, ce 8 juillet 1982, comme au Heysel, trois ans plus tard et pour d'autres raisons beaucoup plus funèbres, Jean-Yves ne tient plus en place. Le chien de chasse est lancé sur les traces de l'information. Très vite, il retrouve Patrick Battiston dans l'obscurité du vestiaire.

Seul, ou presque.

La panique est sensible. Tout près du blessé, les flics sont comme perdus. Ils ne repoussent personne. Fernand Sastre, le président de la Fédération française, et Jean Sadoul, patron de la Ligue nationale, vont et viennent. Michel Drucker, l'acteur Lino Ventura, Julien Clerc et Marie-Josée Nat viennent aux nouvelles. Leur soirée ne fait que commencer. Ils n'ont pas fini de pleurer ! Mais Patrick commence à sortir de ses brumes. Il va vite replonger. Les yeux dans le vague, il n'a plus qu'une obsession : son sac ! Ses affaires sont toujours accrochées dans le vestiaire. Patrick a trois dents cassées, la mâchoire dans un triste état, mais il ne pense qu'à son sac. « C'est un numéro 10, Platini. »

Jean-Yves lui ramène ses affaires. Battiston replonge dans les brumes. Là-haut, les copains ont mis le couteau entre les dents. On dirait une bande de moujiks brutalement décidés à faire la peau des seigneurs.

Gérard Janvion a envie de vomir. Marius Trésor veut la bagarre. Marius a définitivement tourné le dos à la dolence des plages de son enfance. La Guadeloupe, son premier club, du côté de la Juventus de Saint-Anne. C'était soleil et détente. Ce soir, c'est la guerre. Rocheteau n'en revient pas. Quand il se replace quelques instants après avoir inscrit un but qui lui est refusé pour une position de hors-jeu, il prend le temps d'observer Schumacher. « Ce type n'est pas dans son état normal », se dit-il. Alain Giresse est survolté. Michel Platini plane. Semelles de vent. Hirsute et menaçant devant les buts de Tony Schumacher. Et quand il s'écroule dans la surface de réparation, réclamant un penalty totalement imaginaire, il se relève et n'a pas un regard pour Charles Corver, venu à sa rencontre.

Cette fois, c'est bien parti. Le capitaine des Bleus porte en lui la blessure de son copain qui gît en contrebas du stade. On attend l'ambulance. C'est long. Sur le coup, cette absence a foudroyé Platini. Il s'est agité dans tous les sens. Mais très vite, le chef a repris le dessus.

« Maintenant, ça risque d'être vraiment chaud », balance de sa voix nasillarde le plus célèbre des titis parisiens. Thierry Roland est comme un fou. Quand à Jean-Michel Larqué, je l'entends encore : « Honte à vous M. Corver, honte à vous de ne pas avoir sanctionné plus tôt le gardien allemand. »

« C'est là, sans doute, que les Bleus accomplissent leur chef-d'œuvre, écrira une semaine plus tard

Gérard Ernault. La balle n'a jamais si vite ni si bien circulé. Toute l'équipe est embrasée, et l'on voit notamment Trésor et Bossis, quand ce n'est pas Janvion ou Amoros, passer à l'attaque. C'est l'instinct de survie qui permet aux Allemands de tenir, de passer au travers des gouttes, et une très grande disposition de leur part pour le combat athlétique. »

Un chef-d'œuvre en effet. Mais un chef-d'œuvre en péril. Avec toutes ces années qui ont passé, je me demande en effet si la question qui brûle à propos de Séville ne se situe pas davantage sur le banc de l'équipe de France que dans ces ralentis qui accablent Harald Schumacher.

Tony avait grandi dans un milieu assez modeste, tout près d'Aix-la-Chapelle. Très jeune, il avait éprouvé le sens du combat et de la gagne. En 1982, il joue à Cologne et vient de succéder à Sepp Maier, victime d'un grave accident de voiture. C'était un type prêt à tous les excès sur un terrain pour conserver la victoire. Prêt aussi à toutes les provocations. On l'avait vu faire des bras d'honneur aux supporters algériens, écœurés, dans les tribunes, après le match arrangé entre l'Allemagne et l'Autriche. Pourtant, aujourd'hui encore, on est incapable de savoir si le gardien allemand a réellement voulu faire mal. Ou bien s'il pousse trop loin son intervention dans les airs. L'image de la cinquante-septième minute est d'une rare violence. Maxime Bossis qui se trouve à une trentaine de mètres de l'accident perçoit un bruit sourd, isolé du brouhaha des tribunes. Deux masses qui se percutent à vive allure. Le grand Max a tout de suite compris que quelque chose de grave vient de se produire. Tout près de la civière, derrière Platini, il pense que Patrick est peut-être paralysé. Pourtant, personne ne peut avoir la certitude que Schumacher voulait faire mal. Personne, en effet, n'observe le choc. Plusieurs centaines de millions de téléspectateurs regardent cette balle que Battiston a frappée mollement. Juste avant de plonger dans la nuit. Cette balle qui file le long du poteau gauche de Schumacher. Trente centimètres. Le monde entier regarde des images, et non la réalité du terrain de Juan Pizjuan. « C'est la vérité de la télévision, écrit Jacques Blociszewski, et c'est le martèlement incessant de ces images chocs qui ont donné à Séville 82 son impact, sa violence, son odeur malsaine, ses regrets infinis. »

Ce sont donc les joueurs, avec Michel Hidalgo, qui ont raison : Séville 82 pose la première pierre de sa légende dans ce choc épouvantable. L'image va amplifier le drame. L'image et l'attitude d'un homme qui n'a pas un regard pour le taureau qu'il vient de blesser. Pas un regard. Pas un geste d'amitié. Tandis que Platini s'affole, secoue Corver, appelle les secours, Schumacher observe la scène. Il jongle, impatient de reprendre la partie. On croit rêver. On ne rêve pas, et le fantasme peut démarrer. Harald Schumacher ne sait pas encore qu'il est en train de coudre ces calicots de haine que les supporters du Parc des Princes agiteront quelques semaines plus tard à l'occasion du tournoi de Paris. On entendra très distinctement des *Deutschland... Deutschland über ales*, mais aussi Heili Heilo ou Schumacher SS ! En même temps, les joueurs, ils avaient été les premiers concernés par cette folie qui s'emparait de Séville. Mais jamais ils n'ont cédé au commentaire politique. Bien après l'amertume de la défaite, ils demeuraient fidèles au jeu. La défaite leur appartenait. Eux seuls savaient bien que le football n'avait rien à voir avec la guerre.

Devant la caméra d'Emilio Maillé, Charles Corver reconnaissait que seule la trajectoire du ballon l'avait détourné du choc. Son assistant, le juge de touche suisse, Bruno Galler, n'avait rien vu.

Pris de remords, l'arbitre ne manquera pas d'envoyer une carte postale à Patrick Battiston. La carte, expédiée d'Utrecht, la ville natale de l'arbitre hollandais, en disait long sur ses regrets : « Je m'excuse d'avoir taxé l'accident entre vous et Schumacher de pas si grave... Je suivais trop le ballon. J'aime la France ! »

Patrick perd une nouvelle fois connaissance vers 23 heures. Cette fois, c'est Philippe Mahut, le copain remplaçant, qui lui tient la main. Jean-Yves Dhermain est remonté à son poste de commentateur. On tient à rassurer les auditeurs.

« Dis-moi, Philippe, on est où... ? »

– Ne t'inquiète pas mon pote... On est à Séville, en demi-finale de Coupe du monde. Dans le vestiaire. On mène 3-1. Ça te va ? »

Et Patrick replonge.

Étrange soirée. Celui qui avait tant rêvé de disputer cette rencontre est maintenant allongé, comme un voyageur malade s'accroche au bastingage tandis que de l'autre côté de ses songes la mer est démontée, et les camarades luttent, jusqu'au bout, pour le consoler de ses vilaines blessures. Quatre dents fracturées comme un coffre-fort ouvert au chalumeau. Deux vertèbres cervicales déplacées. Huit jours plus tard, des examens lui révéleront un diagnostic encore plus précis : « Fissure des pédicules de l'axis, deuxième vertèbre cervicale, sans déplacement. » La minerve pour deux mois !

Lorsque, dans la nuit de Séville, Patrick Battiston y verra plus clair, il commencera par passer un coup de fil à sa fiancée, Anne, dont l'angoisse n'avait cessé de s'amplifier dans le courant de la soirée. Au moment de l'accident, elle n'était pas devant son poste de télévision. Elle parlait de choses et d'autres, de son prochain mariage sans doute avec Patrick. Anne n'avait donc pas assisté aux toutes premières convulsions. À ces mouvements de la nuque, ces va-et-vient du poignet gauche qui glacèrent d'un seul coup près de vingt-cinq millions de Français. Patrick téléphona de la clinique, dans la nuit. Et c'est elle qui lui annonça que l'équipe de France venait de perdre aux tirs aux buts. Cela n'avait plus aucune importance. Maurice Vrillac, le médecin de l'équipe de France et les responsables de la clinique venaient de le rassurer : il ne serait pas paralysé. Sa colonne vertébrale avait tenu le choc ! Il se souvenait de son père, victime d'un grave accident aux cervicales. « Quelle chance, se dit-il, de retrouver la santé. » Il demanda à l'infirmier qui le veillait d'ouvrir son numéro 10 Platini et d'y voler tout ce qui lui plaisait. Maillots, shorts, claquettes de bain, tout je te dis ! L'infirmier, il n'en revenait pas. *Muchas gracias... Muchas gracias...*

Patrick n'avait plus un rond. Il était parti comme un voleur de Juan Pizjuan. Parti dans ses songes, pendant que ses copains promenaient les Allemands.

Là-bas, la nuit était si profonde maintenant, l'éclairage si dense, que Klaus Fischer ne savait plus vraiment si ce match aurait une fin. Paul Breitner n'avait plus ses jambes de vingt ans, mais malgré la peur et la fatigue mêlés, Paul le Rouge poussait des cris de bête, remontant sans cesse le moral de ses joueurs. C'est lui encore, tout au bout de cette seconde mi-temps sanglante, qui envoya une frappe comme un pavé de 1968 à la gueule des flics. La frappe fut repoussée par Jean-Luc Ettori... Et tandis que Fischer s'apprêtait à bondir comme un damné sur la balle, Jean-Luc, d'une claquette, déclencha les prolongations ! Klaus Fischer remit sa plaque en or dans son maillot.

France-Allemagne n'était plus qu'un grand ring lumineux sur lequel dansaient vingt-deux boxeurs.

Je crois que la merveille de Séville tient dans ce prolongement tout à fait irrationnel et qui va bien au-delà de la fatigue des joueurs. Finalement, le football finit parfois par ressembler à ces événements d'estocade.

J'ai toujours pensé qu'il était normal qu'un homme de la dérive, un peintre, un grand buveur, un noctambule qu'importe trouve son plaisir dans la corrida et la boxe. Ce sont en effet les mêmes évitements, conjugués à ce qu'il faut de castagne. Jab et coups de poing mêlés. Extrême poésie et droit du plus fort. La cape et l'épée. La danse et le poignard. Pour avoir assisté à quelques corridas, j'ai cru comprendre que seul, le *torero* qui sait manier la *muleta*, dos au taureau, est digne du public. Honte à celui qui fait souffrir l'animal. Quant à Mike Tyson, il aura beau frapper comme un sourd jusqu'au restant de ses jours, il ne sera jamais Cassius Clay, ni même Ray Sugar Leonard. La boxe n'est pas qu'un sac. Clay et Leonard étaient les plus forts pour faire bander les femmes au bord du ring. Les coups d'épée, le sens du déplacement et leur merveilleux jeu de jambes faisaient mouiller les dames sous le vison, bien avant le gong !

Un dernier tir sur la barre transversale ne troubla guère le sommeil de Patrick Battiston. Manuel Amoros avait le visage poupon de celui qui n'était pourtant plus un enfant de chœur depuis bien longtemps. Décidément, ce soir, ça ne voulait pas rentrer. J'ai lu sur le visage de Manu un léger sourire un peu triste. Le football se rendait coup pour coup. Il s'enfonçait dans la terre de ces matchs qu'on ne peut oublier, pour la simple raison que cette terre a décidé de faire rire et pleurer la même nuit. Maintenant que Patrick Battiston dormait profondément, les Bleus avaient bien le droit de lâcher les chiens. Certes, ils avaient plutôt l'allure de lévriers un peu fous, mais franchement, les molosses qui leur faisaient face avaient aussi une sacrée gueule !

Ça devenait insupportable.

À l'aube, dans la solitude de sa chambre d'hôtel, Michel Platini s'en voulut de ne pas avoir « replacé Lopez et Janvion sur Rummenigge et Hrubesch ».

Je dois bien reconnaître qu'à l'heure où Michel Platini imaginait de nouveaux schémas tactiques, nous étions trois copains de banlieue, dont l'ivresse, à grandes lampées de vin rouge, n'empêchait pas une certaine forme de lucidité. De rage, nous avions balancé nos verres en plastique dans le jardin de la résidence. Piètre vengeance. La colère, en effet, d'avoir bien vu sur le bord du terrain que Giresse et Janvion discutaient ferme avec Michel Hidalgo. Le sélectionneur avait toujours sa chemisette aux couleurs du Racing club de France. La question était tout de même de savoir quelle sorte de milieu de terrain la France était maintenant capable d'inventer. Genghini blessé. Battiston à la clinique. On faisait comment ?

« La vie en beau, la vie en beau », crie Baudelaire dans ses petits poèmes en prose. Hommage à une vie d'ivresse. Des gorgeons, nous en avions plus d'un dans le pif, mais la nuit nous inquiétait. Nous comprenions à quel point ç'avait été une belle connerie de foutre sur le pédalo ou à la piscine Jean-François Larios sous prétexte que ça ne gazait pas fort avec Michel Platini. Laboureur comme il l'était, été comme hiver, on peut penser que Jeff aurait fini par creuser son sillon dans la défense allemande. Quant à René Girard, qui n'était pas plus dans les seize de France qu'il n'y avait de beurre dans les placards de Juan Pizjuan, il aurait sans doute justifié ce que Marius Trésor me confiait il y a quelques mois lorsque je m'attelai à l'écriture de ce livre :

« René, il serait certainement allé aux chiottes avec Rummenigge... »

Hélas, il suffisait de balayer d'un seul regard le banc de l'équipe de France pour constater que ni l'un ni l'autre n'étaient en mesure de filer un coup de main à des joueurs qui n'allaient plus tarder à vivre ce que seule l'existence d'un mortel possède dans sa boutique : la jouissance du triomphe, avant l'humiliation et le chagrin de la défaite.

Christian Lopez ajusta son col. Il avait bien fait de ne pas sauter dans un avion du retour. Michel, fébrile et déterminé, vint à sa rencontre.

Comme Christian s'inquiétait de savoir où, sur le terrain, il pourrait trouver sa place dans un tel champ de bataille, son capitaine le rassura : « Tu joues au milieu, tu joues au milieu... n'oublie pas... le ballon au sol... au sol. »

Alain Giresse envoya gentiment promener l'un des
superviseurs venu à la rencontre de Michel Hidalgo,
le long de la ligne de touche. Le sélectionneur, à la
fois inquiet et fou de rage devant un tel spectacle,
avait, une fois de plus, des fourmis dans les jambes
et menaçait de rentrer au vestiaire. « Oh, Michel,
cria Gigi, on s'en branle de ce connard... Reste avec
nous... ce qui compte, c'est notre jeu ! »

Le jeu...

Plus jamais ils ne joueraient aussi juste que dans
cette prolongation qui leur était promise. Plus jamais
ils n'auront accumulé autant de haine et en même
temps de détachement à l'égard de leur métier. « Si
nous avions eu un comportement humain, normal,
rationnel, le match n'aurait pas continué », me dira
Giresse sous la pluie de mars 2005. Il ajoute : « La
douleur de Patrick nous a traversés, les uns après les
autres. Comme un affreux courant d'air. Après, nous
n'étions plus tout à fait les mêmes. Il a fallu ces deux
buts pour que nous redevenions des gens normaux. »

Sur le coup, j'ai voulu lui répondre que la cruauté,
la douleur pouvaient très bien faire partie du jeu.

Cette fois me revient une formule longtemps chu-
chotée dans les publicités à la radio : « Il était 22 h 55
à ma montre Seiko à quartz. » Sauf que nous avions
oublié l'heure depuis pas mal de temps, si j'ose dire.
On n'avait plus rien à bouffer. Plus de sidi brahim.
D'ailleurs, le Tunisien avait baissé son rideau de fer.
Cette fois, il était vraiment tard. De plus en plus
tard. Au risque de se mettre à dos la famille qui nous

recevait – partie à la campagne – on s'est vengé sur la bouteille de scotch qui traînait dans le petit bar ambulant qui me faisait de l'œil depuis le drame de Battiston. On a fait autre chose. On s'est levé dans le salon. Tous ensemble. On a laissé tomber le canapé. C'est assez simple : plus personne ne tenait en place. On venait de flairer un mauvais coup dans notre soirée.

Cette nuit de Séville 82. C'était une nuit très claire. Chaude. Une nuit décidée à suspendre tous les sommeils. Rocheteau et Platini ont engagé. Ils ne savaient pas encore que c'était pour la vie. Tous ces souvenirs qui se mettaient en place...

On n'avait même pas attaqué la bouteille de J&B que Marius Trésor se mit brutalement à voler au-dessus d'un nid de coucous. Les coucous, c'étaient nous. Il nous faudrait du temps sans doute avant de réaliser : on n'avait pas l'habitude de mener contre l'Allemagne en demi-finale de Coupe du monde...

Le vestiaire de l'enfance

« Maintenant, je sais bien pourquoi ils n'ont pas bougé de la tribune, me dit Manu. C'était la mise à mort qu'ils voulaient voir. Finalement, peu importait le vainqueur. Je suis persuadé qu'ils étaient tous impatients de savoir enfin quelle serait l'équipe dont le flanc finirait par saigner sur la pelouse de Juan Pizjuan. »

Il avait vingt ans, Manuel.

Il avait toujours aimé les chevaux. Les grandes plaines de sel qui courent dans la campagne d'Aigues-Mortes ou de Saintes-Maries-de-la -Mer. La voix de Manitas. Les doigts fous de Paco de Lucia. Et cette Andalousie qui a tellement souffert en silence toutes ces années. Manuel, il savait bien que cette Espagne du 8 juillet 1982 avait très vite appris à aimer ce football sans entrave, libre. Capable même de jouer une gloire toute proche, au casino du jeu !

Je lui ai demandé de parler un peu plus fort, dans le téléphone. Il est si loin maintenant. À Koweït City.

Il s'occupe des jeunes. Ceux qui ont l'âge que Manuel portait avec fierté, le soir du France-Allemagne. Il me dit que le chewing-gum, c'était une habitude qu'il avait prise, comme ça, de mettre un truc dans sa bouche pendant les matchs. Ça le calmait un peu. « Qu'est-ce que tu veux que je te dise... Avec ce ballon qui s'écrase sur la barre transversale, j'ai bien failli rentrer dans l'histoire... »

Au moment où je pénètre avec anxiété dans le vestiaire de l'enfance – le vestiaire de la défaite –, je mesure le peu de changements dans les voix. Les souvenirs des uns et des autres. On dirait que le temps de leur football s'est arrêté au cadran de Séville. Que la victoire, quatre ans plus tard, à Guadalajara, n'y changera rien. Et pas plus le Brésil de 1986 que la victoire de 1998. Ils sont tous réunis dans la défaite de Séville. C'est simple, on lâche le mot : Séville 82, et tout recommence.

Les traces de balles sur les murs de Beyrouth-Ouest. La joie des combattants palestiniens après les buts de Trésor et Giresse. Ils imaginaient déjà que la France viendrait chercher Arafat dans son bunker. François Mitterrand avait quitté le dîner auquel il était convié dans un célèbre restaurant de Budapest. Il n'en pouvait plus. Jusqu'à la fin des prolongations, il resterait devant un poste de télévision qu'on lui avait apporté.

Maintenant qu'ils sont assis dans leur chagrin, tout recommence. Tout remonte à la surface. Ils sortiront très tard du vestiaire. C'est allé si vite. Comme dans un rêve.

Marius, dès la quatre-vingt-treizième minute, il avait fait cette chose incroyable.

Une reprise de volée du pied droit, sous la barre transversale. Sur le coup, la tête de Manfred Kaltz a bien failli valser dans les tribunes ! Ç'avait été une sorte d'uppercut jeté à la face de l'Allemagne. Une revanche sur toutes les blessures. L'éloignement de Battiston dont on restait sans nouvelles à ce moment de la partie. Le coma du copain, Jean-Pierre Adams, deux mois avant Séville. Techniquement, Marius est obligé de reconnaître que c'est une gifle parfaite, à ce moment des prolongations. Il avait fait semblant de s'enfoncer vers la gauche de la défense allemande. On dit : « appel contre-appel ». Il était reparti en effet vers la droite, histoire de claquer ce coup franc ajusté par Alain Giresse. Hrubesch n'avait rien vu venir. Stielike était trop loin.

Une explosion.

Et cet embrasement, les bras en croix dans la lumière. Michel Platini, surpris par la fusée noire, avait bondi comme un danseur étoile sous la pluie. Revenant de plus loin que tous ses camarades de jeu, il était parvenu à sauter par-dessus la mêlée. Marius Trésor revoyait cette scène. Plus jamais il n'aurait la chance de vivre un tel bonheur.

Maxime Bossis me paraît sincère.

Après un quatrième verre de muscadet, il me jure que c'est Marius, le colosse de Sainte-Anne, qui lui fit le plus de peine dans le vestiaire juste après la rencontre. « Le seul moment dans toute ma carrière, me dit Max, où je n'avais plus aucun recul. Je subissais l'événement. »

Sans doute parce que Marius Trésor n'était pas le genre de type à en rajouter dans la peine. Les regrets. Simplement, il savait que ce match c'était aussi la fin programmée de sa carrière. Dans son silence, ses épaules s'affaissaient comme on rabat en toute hâte le pont-levis d'un château, afin de ne pas sombrer sous la colère des assaillants. Personne ne remarqua ses larmes. Elles se confondaient sur son visage avec les perles de sueur, nées dans le combat de Juan Pizjuan.

C'était un vestiaire de grand silence.

Une famille qui veille le départ d'un proche. Ce silence que des spasmes épouvantables allaient bientôt rompre jusque très tard dans la nuit, il tenait de la colère et d'une certaine forme de surprise.

Alain Giresse ne savait pas encore que sa joie démente et désarticulée de la centième minute ferait bientôt le délice des génériques de télévision. Jetant ses dernières forces dans la bataille, il s'interrogeait à voix basse : comment une œuvre si collective avait-elle pu basculer dans la légèreté, l'inconscience, puis la peur ?

L'espace d'un but, Alain était parvenu à réunir une époque entière sur la même ligne. C'était le rêve de tout éducateur sachant aimer autre chose, d'autres destins que sa seule ambition. Ça n'était pas un hasard s'il se tenait au bout de la chaîne. Qu'on y regarde d'un peu plus près en effet. Pour ma part, si la découverte d'un morceau de pelouse, en 1965 – j'avais sept ans –, déclencha ma passion pour le football, au stade Marcel-Saupin de Nantes, je dois dire que le geste de Séville est une sorte d'aboutissement.

Une génération se donne rendez-vous, le temps d'une remontée exemplaire du ballon. L'instant d'après, elle s'effondre. Tout avait été relancé du côté droit de l'attaque française, au moment même où Rummenigge tentait d'abattre la dernière carte de l'Allemagne de l'Ouest. Côté droit, avec Rocheteau. Celui-ci s'était avancé balle au pied et, plutôt que d'aller à la provocation vers Karl-Heinz Förster, il avait donné sur sa gauche à son capitaine, Michel Platini. Ça n'était plus totalement du football. Plutôt une sorte de merveilleuse passe à dix entre copains qui se connaissent par cœur. Je me souviens de ces interminables balles au prisonnier, le jeu consistant à bloquer à la perfection ce ballon que vous lance un partenaire. On bloque. On évite... Platini s'aperçut très vite qu'une porte à double battant ne demandait qu'à se refermer sur son dribble. Stielike-Förster.

Alors, tranquille, en léger déséquilibre, il se servit de sa pointe gauche pour donner un peu plus loin encore, de l'autre côté, à son ennemi de toujours, Didier Six.

Longtemps, dans les cours de lycée, les amphithéâtres, les cafés, ce moment trouvera grâce auprès de tous ceux – filles et garçons – que Séville avait assommés pour longtemps. C'est un moment très simple de partage entre le terrain, la télévision et nous, spectateurs, qui n'en revenions pas !

« En retrait vers Giresse... en retrait vers Giresse », a crié à l'instinct Jean-Michel Larqué. C'est une voix qui n'a plus jamais changé. Quiconque n'a pas connu le bonheur d'inscrire un but ne peut mesurer une telle déflagration. Mon père, professeur d'éducation physique, me rappelait souvent qu'à une époque pas si lointaine où les collèges de banlieue ne disposaient d'aucun moyen, il s'échinait à trouver des filets pour ses élèves. Marquer un but sans voir le ballon mourir dans les filets massacrait en effet l'émotion du buteur. Quand le ballon frappé de l'extérieur du pied droit — le corps de Gigi légèrement en arrière — vint taper le poteau droit de Schumacher, avant de pénétrer dans la cage, des cris déchirèrent notre nuit de banlieue sud. « Sur l'écran du téléviseur, observe le poète Eduardo Galeano, Giresse était si petit qu'on aurait dit qu'il était toujours loin. » Maintenant, Alain Giresse était devenu pour toujours un astre flamboyant capable sur-le-champ de crever notre écran. Chose étrange, j'ai toujours cru apercevoir dans ce visage défiguré par l'émotion, une immense joie, mêlée à quelques rictus de douleur. Le désespoir n'était jamais très loin. Alain Giresse, ne regarde jamais la photo de la centième minute...

J'aperçois maintenant la fin de l'histoire de Séville.

Je me doutais bien, il y a quelques mois déjà, que cette affaire se terminerait par la défaite de l'équipe de France. Je n'avais pas franchement réalisé à quel point le fait de vouloir maintenir la même musique jusqu'au bout, jusqu'à en mourir, avait finalement privé cette génération d'artistes d'une finale de Coupe du monde. À force de les voir jouer, de les entendre, de les revoir aussi, je me suis progressivement débarrassé de mon chagrin de Séville. Comme si, près de vingt-cinq ans après ma colère dans le jardin d'Épinay-sur-Orge, je venais enfin de comprendre les raisons de cette défaite. « C'est parce que la France fut sublime, que l'Allemagne fut grande », me fait remarquer Jacques Blociszewski. Au moins Gigi a-t-il eu le mérite de prévenir son monde, à la mi-temps des prolongations : « Continuons comme ça, dit-il, assis à la renverse avec son mollet douloureux, on va tout droit dans le mur ! »

Ce vestiaire de l'enfance, il ressemble dans mon esprit à une petite salle un peu triste, dans un cinéma de banlieue, au fond de laquelle on a placé un écran géant. Une sorte de cinéma Paradiso où il est question en effet de projeter maintenant un paradis perdu. C'est tout cela, Séville 82. Paradis perdu, gâché, par une bande de jeunes qui n'avaient pas encore appris par cœur les refrains du cynisme : sourire, y compris après la défaite.

À la fin de cette Coupe du monde, on s'est contenté de leur donner quatre cent mille francs de prime, avant de passer à autre chose. Il eût été convenable de les couvrir d'or jusqu'au restant de leurs jours, pour service rendu à l'émotion collective. Au lieu de cela, Gérard Janvion dégage aujourd'hui des ballons invisibles afin de ne pas devenir clochard. Paradis perdu...

J'hésite, une dernière fois, à rembobiner vers le lieu du crime. Alain Giresse : « À 3-1, nous étions en plein rêve, incapables d'assumer un tel événement. Plus tard, le rêve s'était poursuivi, il avait seulement viré au cauchemar... »

Dans *La Femme au portrait* de Fritz Lang, le personnage principal est un splendide criminel dont le rôle est interprété par l'acteur américain, Edward G. Robinson. Ne sachant plus s'il rêve ou s'il participe au réel, le type va finalement conduire lui-même les policiers sur les lieux de son forfait. Le scénario de Séville ressemble étrangement à celui mis au point par M. Lang...

Comme dans un rêve en effet...

Les joueurs français se sont mis brusquement à conduire la RFA vers la victoire. Comme dans un rêve. Par moments, on pourrait croire qu'ils les prennent par la main. Dans les rêves aussi se mêlent toutes sortes de maladresses. Des enthousiasmes. Une certaine lenteur. D'ailleurs, près de vingt-cinq ans après ces deux crimes qui vont suivre, nous étions déjà plusieurs millions de téléspectateurs à deviner que c'était la fin.

Nous menions au score, certes, mais c'était la fin. Nous l'avons vue venir à la quatre-vingt-dix-septième minute, c'est-à-dire trois minutes seulement avant le troisième but français. Il suffisait d'observer le visage de Rummenigge.

« Kalle » avait bien changé depuis toutes ces années. Tous ces triomphes sous les couleurs bavaroises du Bayern Munich. Ça n'était plus le jeune homme timide, élevé dans une famille très catholique de Lippstadt. Non, ça n'était plus le *Rotbä-ckchen* (l'homme aux joues roses) que Breitner, Hoeness, et toutes les vedettes de l'époque chambraient gentiment lorsqu'il débarqua au centre d'entraînement dès l'âge de dix-huit ans. C'était un type qui avait pris le pli de la victoire, de la gloire et du marketing. Un type capable d'expliquer au sélectionneur allemand, Derwall, les yeux dans les yeux, qu'il aurait tout intérêt à le faire jouer, blessé ou pas, parce qu'un contrat avec la marque japonaise Fuji l'obligeait à se montrer. Blessé ou pas, il faudra bien qu'il joue ! Au moment précis où Kalle entra sur le terrain, il avait déjà inscrit huit buts depuis le début de la compétition. Il était bien le meilleur attaquant, avec ses soixante-quinze kilos de muscles, ses cuisses énormes et ce visage marbré qui semblait traversé par de brutales hallucinations. Alors seulement ce fut le retour sur la pelouse de Juan Pizjuan d'un opéra sombre, dont le chef d'orchestre avait promis qu'il irait au bout du livret. Français et Allemands avaient bel et bien décidé d'en finir. Ils se rendaient coup pour coup, sachant qu'à force de jouer dans les hautes herbes la chèvre de M. Seguin finit toujours par se faire dévorer. C'est à tout cela qu'ils pensaient maintenant les joueurs français, dans ce vestiaire de l'enfance. À ce tournis atroce et merveilleux que Kalle décida d'imprimer sur les corps qui résistaient toujours. Et plutôt que de cacher ce ballon, plutôt que de se mettre aux abris, ils continuèrent à jouer, comme si la fête pouvait durer. C'était exactement comme dans le rêve inventé par Fritz Lang. Ils menaient au score, mais quelque chose de plus fort, de très lourd, les attirait au large, loin de leurs repères. Nous n'allons pas refaire ces deux derniers buts. C'est mort depuis trop longtemps. Simplement, souvenons-nous une bonne fois pour toutes qu'après le tacle terrible sur Alain Giresse – blessé au mollet droit – de Wolfgang Dremmler, Michel Platini marcha joyeusement sur le ballon. Puis les cornes de brume sifflèrent très fort dans le dos de celui que quelques imbéciles n'hésitèrent pas à comparer à Rommel dans le désert de Libye ! Kalle s'appuya sur la gauche, vers Littbarski. Celui-ci, qui connaissait le couloir gauche comme sa poche, lui redonna le ballon. Rares sont ceux, toutes ces années, qui auront le courage de saluer le dernier geste de Rummenigge, catapultant la balle dans la cage de Jean-Luc Ettori. Vraiment, ça n'était plus le garçon timide des années de formation. Depuis quelque temps déjà, il s'amusait parfois à prendre la bouche de son copain Breitner, après un but, afin de lever les derniers tabous sur l'homosexualité dans son pays. Un sacré bonhomme ce Kalle. D'autant qu'après avoir marqué ce but, il a crié très fort en direction de ses partenaires qui ne levaient même pas les bras : « Merde, il faut y aller maintenant, je vous jure que nous pouvons le faire. Merde, bougez-vous, nous allons réussir. »

Ça ne sert plus à grand-chose, maintenant, de répéter dans ce vestiaire que nous avions deviné la fin devant notre téléviseur. Finalement, lorsque la ronde infernale et blanche s'est remise à déferler sur le corps sans vie de l'équipe de France, nous n'avons même pas été surpris.

Nous avons vu une dernière fois que tout se déroulait comme dans un rêve. Et toujours ces cornes de brume qui sifflent dans le dos des maillots blancs. Ce ballon qui voyage. Il fait sa vie jusqu'à Hrubesch. D'un coup de tête facile, Hrubesch dévie ce ballon vers Klaus Fischer, tandis que les joueurs français nous donnent l'impression de se tenir au garde-à-vous. Cette fin que nous avions cru apercevoir dans le regard de Kalle était maintenant devant nous. Un mélange de terreur et de retour merveilleux. « Le temps de réfléchir si je devais mettre la main, et la balle était au fond », me dira Manuel Amoros. Au fond des filets. Ce retourné sublime et désespéré d'un garçon dont les cheveux ont blanchi : Klaus Fischer, pour l'éternité de cette égalisation allemande. La colère, les insultes de Michel Platini. Un paradis perdu. Alors, dans ce vestiaire où les joueurs comprenaient maintenant l'étendue du désastre, le chagrin a tout emporté.

Les tirs au but venaient de se terminer dans l'allégresse atroce de celui qui n'avait même pas daigné bouger le petit doigt pour replacer le ballon. Hrubesch, *das Ungeheuer*. Le monstre. C'est assez dire que depuis toujours, la RFA, même au bord du précipice, était sûre de son football.

C'était fini.

Dominique Rocheteau, comme souvent, avait été le premier à regagner le vestiaire. Un vestiaire d'enfance, car ce chagrin venait de loin. C'était un chagrin qui n'atteint que rarement les grandes personnes. Tellement fort et souterrain qu'il se met à ruiner l'espoir d'une respiration. Une grande détresse collective, tout simplement. Les nerfs avaient tenu. Maintenant, ils lâchaient. Michel Hidalgo fut l'un des derniers à pousser la porte. Qu'on le veuille ou non – que Michel Platini ait eu ou pas une influence essentielle sur le groupe de Séville 82 –, ces mecs qui pleuraient, ils étaient devenus ses enfants, au fil du temps. Il les regardait. Tous. Bossis, Rocheteau, Six, Janvion, Platini, Lacombe, ils étaient du voyage en Argentine, quatre ans plus tôt. Michel Hidalgo avait attendu quelques instants Charles Corver et ses deux assistants. Il avait laissé tomber.

Dans ce silence, chacun avait sa part de malheur et de colère. Didier Six avait sans doute l'impression d'avoir fait une « connerie ». Il était parti si vite tirer son penalty. Maintenant, Didier était totalement effondré. Replié sur son banc. Incapable de bouger. Il pleurait, comme pleure un enfant dont le jouet s'est définitivement cassé. Michel Hidalgo s'est approché de lui. « Ça suffit maintenant, lui a dit Michel. C'est fini. Tu dois passer à autre chose. » Marius Trésor se leva à son tour. Sa silhouette massive en avait pris un sérieux coup. C'était toute cette tristesse calme et discrète qui emportait le regard de Bossis, assis à ses côtés. Les yeux dans le vague, il observait Michel et Marius qui se débrouillaient, vaille que vaille, pour transporter Didier Six, encore habillé, sous la douche. Le grand Max, il en avait pourtant fait des efforts, pour arriver au bout du compte à cet immense gâchis ! Adolescent, il fallait bien la prendre, la mobylette qui le conduisait des champs de betteraves et de blé jusqu'à son lycée de La Roche-sur-Yon. Il fallait en vouloir pour bosser à la ferme, tout en espérant devenir footballeur professionnel !

Il s'était défoncé. Il avait fini par rejoindre le FC Nantes. Soutenu même par son idole de toujours, Henri Michel. Henri la classe ! Sacré Henri... Capable de siffler une bouteille de scotch, mais le lendemain, mettre les gars loin derrière à l'entraînement.

Maintenant, Max, il était comme un grand con à regarder tout ce vestiaire dévasté. Il savait bien, Max, sa part de responsabilité dans un tel naufrage. Il l'avait compris au moment même où le gardien allemand avait repoussé son tir. Il n'était pas encore relevé qu'il avait su, avant tous les autres qui le regardaient au loin, dans le rond central, que c'était fini.

Bien fini. Hrubesch n'allait certainement pas trembler. En même temps, il avait le sentiment un peu confus d'avoir fait son devoir. Un bon match sans doute. Et puis quoi, personne n'avait voulu y aller, là-bas, tirer ce penalty. Personne ! Il avait regardé autour de lui. Le grand désert. Il n'avait pas rêvé tout de même. « Pas moi, je suis cuit », avait lancé Jeannot Tigana. Lopez n'en voulait pas non plus, et pas davantage Janvion qui avait retiré ses crampons depuis la fin des prolongations. Alors, il fallait bien se bouger. Une certitude : plus jamais il n'irait tirer un penalty ! Plus jamais.

Dehors, ça beuglait sévère. Les joueurs allemands regagnaient leur vestiaire. Dieu avait bien fait son boulot. La RFA avait en effet hérité d'un vestiaire maculé d'images pieuses, punaisées un peu partout sur les murs. Tout un folklore andalou...

Toute cette joie. Toute cette tristesse. Ces deux vestiaires ressemblaient maintenant à deux mondes qui ne vont plus tarder à se faire la guerre.

Bien plus tard, au soir de la finale de la Coupe du monde 1990, je comprendrais mieux toute la tension qui peut se dégager de ce genre d'événement. Dans les entrailles du stade olympique de Rome, vers minuit, je verrais s'éloigner Diego Maradona, en larmes, tandis que quelques mètres plus loin, près des vestiaires, les Allemands, Jürgen Kinsmann en tête, ivres de bière et de champagne, poussaient des cris de bêtes qu'on égorge dans la nuit.

À un moment, on a frappé à la porte du vestiaire. Quelques joueurs allemands souhaitaient échanger leur maillot. La réponse a fusé : « Cassez-vous, bande de connards ! » L'un des remplaçants s'est tout de même arrangé pour récupérer le maillot de Gigi. Maxime Bossis avait donné le sien à Magath. Michel Platini avait fini par sécher sa peine dans celui du buteur, Klaus Fischer. Jean Tigana luttait contre des spasmes que son copain Couriol s'efforçait de calmer. Le vestiaire de l'enfance se prolongea pendant plus d'une heure. Quelques bruits de crampons. Les sacs qui se ferment. Des larmes qui finissent par se tarir. Des promesses de baston. Jean Tigana : « Putain, si je croise Corver à l'aéroport, je lui casse la tête ! »

Les yeux cachés par les Ray-Ban. La première Marlboro. Jean-Luc Ettori l'a grillée sur le trottoir, tout près de l'autobus qui attendait les joueurs. Pour une fois, pas de préférence : Michel Platini a crié sa colère au micro de toutes les radios, prostrées dans la nuit de Séville. L'acteur Lino Ventura, Julien Clerc et quelques copains ont salué les joueurs à la sortie du vestiaire. Il était tard. Très tard. Presque 2 heures du matin. Il fallait filer maintenant vers l'aéroport. Deux avions étaient garés sur le tarmac. Côte à côte. Un avion pour Madrid. Celui des vainqueurs. Un autre pour Alicante, réservé aux battus.

Nous aussi, on est allés dans le jardin fumer quelques cigarettes. La nuit était chaude et claire. C'était juillet. Il y avait toutes sortes de choses importantes à imaginer pour plus tard. Dans nos vies. Aimer.

Trouver un métier. Bâtir une famille, qui peut savoir ?

Je dois bien reconnaître qu'après la défaite de Séville, tout s'est précipité. On a beau dire. Parfois, certains événements nous donnent l'impression de se donner la main. Ils font partie d'un ensemble que nous pouvons mieux observer. Le temps a passé. Il est seul capable de nous laisser une loupe que nous pouvons poser sur telle ou telle partie de notre vie. Ces événements, ils peuvent faire écho à la fin de notre jeunesse. Juste après Séville 82, ma copine m'a laissé tomber. Elle m'a balancé la nouvelle dans une cabine téléphonique. Heureusement que le téléphone portable est arrivé dans nos vies. Je n'ai plus jamais fichu les pieds dans une cabine téléphonique. On ne sait jamais ce qu'on peut y trouver.

À peine deux semaines après notre soirée du 8 juillet, le comédien Patrick Dewaere s'est tiré un coup de fusil dans la bouche. Ça faisait quand même beaucoup de chagrin pour un seul été. Dewaere, ç'avait été quelque chose tout de même de le voir danser sur sa bagnole pourrie, dans le film *Série Noire* d'Alain Corneau. L'histoire d'un représentant de commerce complètement déglingué. J'avais bien aimé aussi la scène des *Valseuses*, quand il se fait Miou-Miou sur le siège arrière de la DS conduite par son copain Depardieu.

Sale été...

Beaucoup plus tard, en 1985, quand il évoquait le sort de l'Allemagne qui le fascinait, François

Mitterrand prononça ces quelques mots : « Il faut se montrer intelligent à l'égard de l'Allemagne, c'est-à-dire placer, avant la mémoire des déchirements, les leçons du passé, qui permettent de comprendre les intérêts communs. »

Bien sûr, c'était de la politique de haute volée, mais avec le recul, avec le foot aussi, ça pouvait peut-être marcher. Tout faire pour dépasser nos déchirements...

Certes. Mais sur le coup, c'était difficile à avaler.

Je ne suis pas allé danser sur les ruines encore fumantes du mur de Berlin, en 1989. Il m'a semblé qu'au fond du décor, ça n'était plus seulement une jeunesse enthousiaste et libre que j'apercevais. Je croyais entendre aussi le tocsin de nos utopies, quand nous imaginions qu'une simple victoire sportive, contre l'Allemagne, était aussi un combat remporté contre le capitalisme. Tout cela était bien fichu. Au moins provisoirement.

C'était déjà l'aube dans notre jardin d'Épinay-sur-Orge. Nous n'avions pas encore pris de décisions sérieuses quant à notre avenir. Pour l'instant, il était surtout question de faire le deuil. Le deuil de Séville 82. J'avais tout mon temps.

SAINT-OUEN, été 2005.

Ma bibliothèque idéale.

De Séville...

Jean-Philippe Leclaire, *Platini, le roman d'un joueur*, Flammarion, 1998.

Roland Barthes, *Le Sport et les Hommes*, Les Presses de l'Université de Montréal, d'après le film d'Hubert Aquin, 1964.

Eduardo Galeano, *Le Football, ombre et lumière*, Climats, 1998.

Michel Hidalgo, *Les Buts de ma vie*, Robert Laffont, 1986.

Jean-Philippe Réthacker et Jacques Thibert, *La Fabuleuse Histoire du football*, Minerva, 2003.

Dominique Rocheteau, *On m'appelait l'ange vert*, Le Cherche Midi, 2005.

Eugène Saccomano, *Je refais le match*, Plon, 2005.

Philippe Labro, *Je connais des gens de toutes sortes*, Gallimard, 2002.

Georges Perec, « *Les Choses* », *une histoire des années 60*, Julliard 1965.

... à l'Allemagne !

Tilo Schabert, *Mitterrand et la réunification allemande, Une histoire secrète (1981-1995)* Grasset, 2005.

Frédéric Bozo, *Mitterrand, la fin de la guerre froide et l'unification allemande. De Yalta à Maastricht*, Odile Jacob, 2005.

Peter Handke, *L'Angoisse du gardien de but au moment du penalty*, Gallimard.

À voir absolument :

Un 8 juillet à Séville, documentaire de Emilio Maillé, 2002.

Remerciements

Je tiens tout d'abord à remercier Guy Birenbaum et Pierre Louis Rozynès, qui ont cru en ce projet. Sophie, lectrice exigeante. « Bob » ma voisine des « Rosiers ». Super bravo à Marion : trop forte pour le DVD.

Et tous ceux qui ont « déclenché » Séville, le 8 juillet 1982 :
Manuel Amoros, Patrick Battiston, Maxime Bossis, Jean-Luc Ettori, Alain Giresse, Bernard Genghini, Michel Hidalgo, Dominique Rocheteau, Didier Six, Marius Trésor, Gérard Janvion, et aussi : Rainer Kalb et Catherine, Gérard Ernault, Xavier Colin, Rémy Lacombe, Jean-Yves Dhermain, Gianpiétro Agus, Jacques Vendroux, Thierry Roland, Manuel Tissier, Philippe Tournon, Dino Di Meo, Sylvain Villaume, Jean-Louis Bianco, Dorothée et Hatem Bellage, Daniel Cohn-Bendit, Michel Drucker, Bernard Morlino, Olivier Khatchikian, Jacques Blociszewski,

Jean-Philippe Leclaire, Laurent Moisset, Philippe Vilain, Rico Rizitelli.

Mille fois merci à Alain Genestar et Karyn, pour la documentation de *Paris Match* !
Une bise aux copains et copines d'une soirée inoubliable : Bernard, Bruno, Dominique...
Mention spéciale à Caroline Duffaud.

Table des matières

Composition PCA
44400 – Rezé

Impression réalisée sur CAMERON par

BRODARD & TAUPIN

GROUPE CPI

La Flèche
pour le compte des Éditions Privé
en janvier 2006

Couverture : Pierre Gay, 2005.

Imprimé en France
Dépôt légal : janvier 2006
N° d'impression : 33626
ISBN : 2-35076-003-0